持続可能な
社会を支える
弁護士と信託

―医療クラウド、産学連携、まちづくり―

第一東京弁護士会司法研究委員会 編

弘文堂

刊行のごあいさつ

　第一東京弁護士会では、昭和43年に「司法研究基金」の制度を創設し、当会会員が弁護士の身近な業務や弁護士制度の改善進歩に寄与する問題について調査研究し、今日までにその研究成果のいくつかを叢書として発表しております。

　本書は、東日本大震災による各種情報の散逸を契機に、持続可能な社会を維持していくために信託ないしその考え方がどのように貢献することができるか、という観点から検討を加え、問題点の分析、問題解決のための手法、その手法の留意点と限界をまとめるとともに、さらなる立法的提言を行っています。医療情報のクラウド化は、すでに一部で試験的に始められており、また、経済的合理性を維持しながら住環境を維持するための多角的なスキームもすでに一部で試されております。しかし、これらのスキームについて、指針や法的問題点を指摘した十分な文献は未だ発刊されておりません。本書は、そうしたスキームを展開するための方針や問題点に一定の視座を与えるものとして有意義なものといえます。そこで、医療情報管理や国民の住環境を検討される国、自治体、政党のご担当者や、他方で、医療の現場で医療情報に接される医師、病院等の医療機関、住宅に関与される建設関係者、ベンチャー企業などのご担当者の方々の座右の書として、本書が広く活用されることを切に祈っております。

　終わりに、わが国においても信託制度を定着させたいという志のもと、日々、御多忙の中、貴重な時間を割いて本書の執筆に当たられた研究班の班員の熱意とご苦労に対し、深甚なる敬意と感謝の意を表するとともに、本書が信託制度を社会インフラとして活用しようとする方々のお役に立てることを心から期待いたします。

　平成24年1月

第一東京弁護士会

会長　木津川　迪洽

『持続可能な社会を支える弁護士と信託』の発刊について

　信託法が平成18年に改正されたことを機に、わが国でも信託を普及させようという気運が高まりました。そうした中、平成23年3月11日、東日本大震災が起き、医療情報を保有していた病院などが地震や津波で被害を受け、医療情報の持続的な利用の必要性が認識されるようになりました。また、近時、大学・研究機関の研究開発の成果や産学共同研究開発の成果が、それらの研究主体の破綻や産学協同関係の解消により散逸することを防止する必要性も指摘されております。他方、快適な住環境を経済的合理性ある方法で入手する方法のニーズは従来にもまして高くなっております。

　本書はそうしたニーズに応ずるものとして結実したものであり、医療情報や研究開発成果の管理保全をはじめ、快適な住環境等の実現にあたり、信託ないしその考え方を利用しようと考えている方々に有効にご活用いただけると思っております。本書が、多くの皆様にご活用いただけましたならば、それは当委員会の大いなる喜びであります。ご執筆の各担当の先生方、また、出版社である株式会社弘文堂の関係者の方々のご協力に深く感謝申し上げます。

　平成24年1月

第一東京弁護士会　司法研究委員会
委員長　常　盤　政　幸

●持続可能な社会を支える弁護士と信託──CONTENTS

(執筆担当者は五十音順)

刊行のごあいさつ……i
『持続可能な社会を支える弁護士と信託』の発刊について……ii

第1章　持続可能な社会を支えるために　　　［寺本振透］……1
　Ⅰ　序にかえて　………………………………………………………1
　Ⅱ　医療の持続可能性を支えるための課題
　　　─医療情報の継続利用の観点から……………………………3
　　　1　現状とその問題(3)

第2章　医療の持続可能性を支えるための課題
　　　　─医療データの継続利用の観点から
　Ⅰ　現状とその問題　　　　　　　　　　　　［上村真一郎］……7
　　　1　データは「誰のもの」?(7)
　　　2　すでにあちこちで発生している事実上のescrowをどう解釈するか(8)
　　　3　病診連携のためのデータ共有への障害(8)
　　　4　医療機関またはデータセンタの破綻もしくは被災の際の
　　　　　データ保全と引継ぎ(9)
　　　5　個人情報保護法との関係(10)
　Ⅱ　解決のみちすじ　　　　　　　　　　　　　［住田和子］……11
　　　1　はじめに(11)
　　　2　医療情報が保存・管理されている形態(12)
　　　3　現状における医療情報の保存・管理方法の問題点(13)
　　　4　病院が破産した場合、強制執行を受けた場合または開業医が死亡した
　　　　　場合における法的処理と医療情報の保存・管理に対する影響(14)
　　　5　解決のみちすじ(21)
　　　6　医療情報の管理をするのに望ましい組織についての考察(22)
　Ⅲ　信託法上の課題　　　　　　　　　　［奥原玲子、常盤政幸］……25
　　　1　信託法上の信託を利用する場合の信託財産(25)

2　信託法理を実質的に及ぼすことの適否(27)
3　新たな制度としての医療情報管理の仕組み(30)
4　「医療情報管理システム」に関わる者の利害関係(31)
5　「医療情報管理システム」の管理者は、誰にするのか(32)

第3章　研究開発の持続可能性を支えるための課題
――産学連携の観点から

I　現状とその問題　　　　　　　　　　　　［林　真穂］……37
1　研究資料の管理状況(37)
2　研究資料の散逸または喪失等のおそれ(38)
3　研究資料等の利用を許容することの有益性(39)
4　研究開発の持続可能性を支えるために(39)

II　解決のみちすじ　　　　　　　　　　　　［高村健一］……40
1　信頼できる第三者が知的資源を管理する必要性(40)
2　「農業生物資源ジーンバンク」(42)
3　ジーンバンクの有用性と限界(45)
4　信託の枠組みを利用した知的資源管理の可能性(46)

III　信託法上の課題　　　　　　　　　　　　［中村英幸］……48
1　信託の有用性(49)
2　信託財産としての適格性(50)
3　研究素材等および研究成果物は「誰のもの」か（委託者は誰か）(51)
4　研究開発に係る信託において利益を受けるべき者（受益者）は誰か(54)
5　受益者たり得る者(60)

第4章　住環境の持続可能性を支えるための課題と信託
　　　　　　　　　　　　　　　　　　　　　　［菅野智巳］……61
I　住環境の保全を巡る問題 …………………………………………61
II　住環境を巡る近時の困難な状況 …………………………………64
III　これまでに行われてきた様々な試み ……………………………64
IV　信託を利用して簡易なスキームで屋敷林の
　　保全を行うことができる ………………………………………67

Ⅴ　屋敷林の保全のスキームの検討 ……………………………… 69
　　　　1　屋敷林の信託(69)
　　　　2　信託の形態(70)
　　　　3　受託者(73)
　　　　4　弁護士は受託者となり得るか(73)
　　Ⅵ　信託は多様なニーズに対応でき、住環境の
　　　　保全に用いるのに適している ……………………………… 74

第5章　持続可能な社会を支えるための信託とその課題
　　Ⅰ　信託の対象（信託財産）とは？　　　［赤鹿大樹、深津拓寛］…… 75
　　　　1　信託法上の信託の対象（信託財産）の要件(75)
　　　　2　情報は信託財産たり得るか(78)
　　　　3　結論(80)
　　Ⅱ　信託であることの公示方法　　　　　［小川和聖、髙梨俊介］…… 81
　　　　1　はじめに(81)
　　　　2　現行法における信託の公示と対抗力の関係(82)
　　　　3　登記等不要財産の特定性および識別性(83)
　　　　4　医療情報群を信託した場合の対抗力(84)
　　　　5　情報(群)の信託と情報記録媒体との関係(85)
　　　　6　研究機関が有する情報およびその他の財産や、住環境を構成する
　　　　　　財産群を信託することの可否、およびその対抗力(86)
　　Ⅲ　委託者たり得る者とは？　　　　　　［小賀野晶一、上総秀一］…… 87
　　　　1　委託者たり得る者―総論(87)
　　　　2　委託者たり得る者―医療情報の場合(89)
　　　　3　委託者たり得る者―研究環境の場合(96)
　　　　4　住環境の持続可能性と信託(98)
　　Ⅳ　受益者たり得る者とは？　　　　　　　［加藤伸樹、守谷俊宏］…… 107
　　　　1　はじめに(107)
　　　　2　受益者たり得る者の範囲(109)
　　　　3　受益者として望ましい者(111)
　　　　4　医療のための信託における受益者とは？(116)

5　研究開発の持続可能性のための信託について(130)
　　　6　住環境のための信託について(134)

Ⅴ　受託者たり得る者とは？
　　―弁護士は信託の担い手となれるのか
　　　　　　　　　　　　　　　　［伊藤英之、根本健三郎］……139
　　　1　はじめに(139)
　　　2　受託者適格(142)
　　　3　弁護士は信託業法の適用を受けるのか？(147)
　　　4　おわりに(163)

Ⅵ　信託の併合、分割または変更
　　　　　　　　　　　　　［金谷　良、濱野敏彦、深谷昌志］……164
　　　1　総説―なぜ、信託の併合、分割または変更が必要か(164)
　　　2　信託の併合等の方法(170)
　　　3　受益権取得請求権(180)
　　　4　個人情報保護(190)
　　　5　緊急時における医療情報の利用(198)

事項索引……………………………………………………………201
執筆者紹介　………………………………………………………203

第 1 章
持続可能な社会を支えるために

I 序にかえて

　私たちの1人1人は、一瞬一瞬を生きては滅びていく刹那的な存在ではありません。私たちは、突然に発生したわけではなく、何代にもわたるreproductionの結果ここに存在しているのですし、また、私たちに続く世代もそうであるはずです。私たちは、1人で生きているわけではなく、互いに支えあって、社会の中で生きています。社会が持続していくのでなければ、私たちの生きる場所はなくなってしまいます。しかし、私たちの社会を持続可能とするために必須のシステムが、危機にさらされています。この危機に対処するために、弁護士が信託、あるいは信託的なものの考え方を用いることで、何らかの貢献をなすことができるはずです。

　たとえば、医療は、人が人らしく生きていくために、不可欠な社会システムです。社会が健全に持続していくためには、医療というシステムも、健全に持続していかなければなりません。医療システムが持続するために必要な要素は、十分な数の医療従事者の確保、医療システムを支える経済的な基盤の確保など様々ではありますが、ここでは、医療情報の持続的な管理と活用を中心に考えてみます。個々の医療従事者または医療機関に変動があろうとも、患者の命と健康を守るためには、医療データが持続的かつ安全に管理され、持続的に活用できる態勢が整っていなければなりません。私たちは、以前より、このことを強調してきました。しかし、私たちの想定すらあまりにも甘すぎたことを、ちょうど1年前にわが国を襲った東日本大地震とそれに伴う大規模な災害が、思い知らせたのです。すでに管理不能となり、あるいは失われた医療情報を取り戻すことは著しく困難です。それでも、私たちは、あきらめることなく、将来に向けて医療情報の持続的な管理と活用ができる法制度を、信託の本質的な考え方に即しつつ設計していかなければならないと考えております。

あるいは、社会の維持と発展のために不可欠な営みである研究開発は、1人または1つのグループの研究者だけで、また、1つの機関に属する研究者だけで持続できるものではありません。研究開発の途上で得られる情報は、人を越え、グループを越え、機関を越えて引き継がれなければなりません。さらに、研究開発の成果が事業に展開された結果得られた利益は、さらなる研究開発の資金として、また、研究者たちへのインセンティブとして配分されることが好ましいことはいうまでもありません。しかしながら、現時点においては、国立大学などの研究機関で研究者自身のイニシアティブによって行われる研究については、情報の共有と引き継ぎが十分とはいえない反面、事業展開の結果得られる利益については、現在および今後の研究と研究者たちへの配分が不十分です。このような問題を解決するためには、信託の考え方が欠かせません。

また、良好な住環境は、私たちの持続的な営みの基盤です。しかし、その良好な環境を維持することには、大きな困難が伴います。土地および建物が、それぞれ、経済原理に則った商取引の目的物である以上は、取引当事者の利益を犠牲にして、良好な住環境を持続的に維持することは、市場経済との大きな相克を生みます。一方では、経済原理に則った商取引こそが私たちの日々の生活の基盤となっているのですから、良好な住環境を維持するために、無理に商取引に強い制約を加えることは、私たちの生活の基盤の一方を守るために、他方を切り崩すに等しいといえます。不動産を対象とする商取引に対する制約を可能な限り小さくしつつ、良好な住環境を維持するためには、財産そのものの一体性を保障しつつ、それに対する経済的な利益を分割することができる信託の考え方が、有効と思われます。

私たちは、以上のような問題意識により、医療、研究開発、住環境の3つの問題を中心として、私たち弁護士と信託にできることを検討し、その成果を、本書のかたちで上梓することといたしました。

信託研究班でプレゼンテーションをしていただいた実務界の方々と、信託研究班の先生方には、真摯な貢献をしていただきました。また、前著『社会インフラとしての新しい信託』に引き続き、弘文堂の清水千香さんにはたいへんお世話になりました。みなさまに深く感謝申し上げます。

II 医療の持続可能性を支えるための課題
　　―医療情報の継続利用の観点から―

1　現状とその問題

(1)　日々取得され蓄積される医療情報

　私たちが、医療機関で診療を受けたり、様々な機関で健康診断を受けたりするたびに、私たちの健康状態に関する情報（以下、簡便のために、また、とりわけ医療機関で診療を受けるときに得られる情報に焦点を置くために、「医療情報」と呼ぶ）が生成され、記録される。このような医療情報は、いったい、誰のために、誰によって、どこで、どのような期間にわたって、どんなふうに、管理されるべきなのだろうか。

　これが、医療情報に関する法的な議論の根幹をなす問題だ。なお、1つ注意しておくべきことがある。それは、医療情報の取扱いについて、所有権のアナロジーを用いると、つまり、「その医療情報は誰のものか」という問いかけをしてしまうと、私たちは、過ちを冒すであろう、ということだ。法律の専門家であれ、非専門家であれ、所有権というものが最も親しみのある私権であるがゆえに、つい、あらゆるものごとを所有権のアナロジーで議論してしまいがちだ。だが、無形の情報については、所有権を概念することはできない。あくまでも、「その情報の適切な利用によって利益を受ける者が誰か。そして、不適切な利用によって不利益を受ける者が誰か」、「その情報を管理するにふさわしい者は誰か」といった観点を見失ってはならないのだ。

(2)　医療情報の役割

　以上の観点から医療情報の取扱いを検討するためには、医療情報が果たしている役割を確認しておくことが有用である。

(i)　個々の患者にとっての短期的な視点から

　個々の患者にとっての短期的な視点（つまり、1つの疾患の疑いを認識して、

患者が医療機関にかかってから、一連の診療を終えるまで）からすると、医療情報は、その患者が診断を受け（診断の大部分は、医療情報の取得を行い、かつ、医療情報の解釈を行うことであろうと思われる）、治療を受けるために、必要な情報だということになる。

そうだとすると、医療情報が適切に管理および保存され（「誰によって」管理および保存されるのかは、この段階では、決めつけるわけにはいかない。現実には、患者が受診している医療機関によって管理および保存されていることは確かなのではあるが）、そのことによって、必要なときに、正確な医療情報が（担当する医師およびパラメディカルにとって）accessible であることは、患者の健康の回復のために必要なことである、といえる。

また、医療情報の管理および保存が不適切であり、そのことによって、医療情報への accessibility が損なわれることは、患者の健康回復に多かれ少なかれ支障を与えるであろう、といえる。

(ii) **個々の患者にとっての長期的な視点から**

個々の患者にとっての長期的な視点（つまり、自分では健康だと思っているときと病気だと思っているときにわたって、そして、その間には、何回も疾患の疑いを認識し、いろいろな医療機関にかかり、いくつもの「一連の診療」を終える）からすると、医療情報は、個々の診療に必要なだけでなく、健康を維持するために、また、ある疾患の診療をサポートするために、必要な情報だということになる。

そうだとすると、長期的な視点においても、医療情報が適切に管理および保存され、そのことによって（都度、担当する医師およびパラメディカルにとって）accessible であることが、患者の健康の回復のために必要なことである。

(iii) **医療システム全体の視点から**

前述の個々の患者にとっての視点は、もちろん、個々の患者の診療にあたる医師、パラメディカルおよび彼らが所属する医療機関の視点とは表裏の関係にある。では、医療システム全体の視点からするとどうだろうか。医療システムは、過去の経験により改善され、より効率的な、または、効果的な診療をほどこせるようになっていくはずである。だとすれば、過去の症例の蓄積が医療機

関の枠を超えて蓄積されていることが好ましいことだといえる。

これは、患者となり得る市民全体の視点からしても同じことである。

(3) 医療クラウドの必要性

個々の患者にとっての短期的な視点からしても、医療機関が確実に医療情報を管理し、保存し、適切に accessible にしておくことが重要である。しかしながら、個々の医療機関が、とりわけモダリティ画像を含めると膨大な量となる医療情報を保存するシステムを用意し、適切な技術水準で管理し続けることには無理がある。適切なコストで、常にアップデイトされた技術水準で管理を行うためには、多くの（できればすべての）医療機関がクラウド上に構築された医療情報管理システムを使えるようにすべきである。

さらに、個々の医療機関が長期にわたって医療情報を管理し続けることには、データの容量からしても、コストからしても、また、そもそも個々の医療機関が永遠の命を持つわけでもないことからすると、もっと大きな無理がある。

むしろ、医療システムを支える人々全体で医療クラウドを維持し、そこで医療情報を管理し、医療機関の枠を超えて医療情報にアクセスできるようにしておくことが適切である。

とりわけ、2011年3月11日にわが国を襲った東日本大震災の経験から得られた教訓によれば、個々の医療機関で管理している医療情報は災害によって失われてしまうリスクが極めて高いこと、それが仮に失われなかったとしても外部から支援に来る医療者によるアクセスには大きな問題があること、さらに、支援する医療者が順次交代していくときに、彼らが取得しまたは作り出した医療情報を、交代者および地域の医療者がアクセスできるようにしておく必要があることがわかった。こうした要件を充たす手段こそが、医療クラウドである。

(4) 医療クラウドに伴う法的な問題

もっとも、いかに必要性が高く、好ましい効果を挙げるであろうと確信される仕組みであっても、いや、だからこそ、解決されるべき問題を伴わない、ということはない。

医療クラウドについていえば、とりわけ、次の2つの問題が、解決されるべき法的な問題として、軽視できないものである。第1は、いうまでもないことであるが、個人情報の保護である。第2は、医療クラウドに置かれた医療情報の管理者の破綻または機能不全から医療情報を守る手立てである。

　第1の問題については、十分なアクセス制限の体系を用意しつつ、非常時には平時のアクセス権限をオーバライドして医療者が情報にアクセスできる仕組みを用意しておくことによって解決をはかる必要がある[1]。これについては、法的に未知の問題があるというわけではなく、緻密でかつ実践可能なアクセス制限の体系を用意するという問題である。

　一方、第2の問題については、法的には未知の問題がある。すなわち、情報群という無体物について、fiduciary 的な（beneficiary は、その情報群の取扱いの不備によって不利益を被る人々であると考えたい）管理者を設定し、その管理者に対して beneficiary の利益を守るための行為を委ねることができるだろうか、という問題である。確かに、情報は、「誰のもの」でもない。だが、情報が誰かにアクセスされたり使われたりしたときに、別の誰かが不利益を被る場面は、容易に想像できる。情報については、「誰のために」使われるべきかという議論を設定することは可能であるし、また、「誰のおかげで」その情報が使えるようになっているのかという議論を設定することも可能なのだ。この問題を解くために、信託法の考え方を適用または応用することは、極めて有効であろうと期待できる。

　なお、先の項目(2)では特記しなかったが、医療情報が患者にとって非常に重要な個人情報であること、それゆえに、その管理において個人情報保護法を含む、種々の問題が生ずることはいうまでもない。

---

1) Joint NEMA/COCIR/JIRA Security and Privacy Committee (SPC), *Break-Glass-An Approach to Granting Emergency Access to Healthcare Systems*, (2004) available at 〈http://www. medicalimaging. org/policy-and-positions/joint-security-and-privacy-committee-2/〉、高里良男「災害時に病院はいかにその機能を保全するか」月刊新医療38巻7号（2011）28頁。

第 2 章

医療の持続可能性を支えるための課題
―医療データの継続利用の観点から―

I　現状とその問題

　個々の患者が適切な医療を受けるためには、受診時だけではなく、過去の、望むらくは出生時からのライフサイクル全般におけるその患者に関する医療データを、治療や診察にあたる医師が確認できることが有益である。もっとも、現状においては、患者が受診した個々の医療機関に診療録（カルテ）などのデータが保存されるにとどまり、他の医療機関がこれらのデータを参照したり共有するためには面倒な手続をとる必要があることが一般的であり、その他解決しなければならない様々な問題が存在する。また、仮にデータ共有のための手続が簡単になったとしても、そのデータを誰が責任を持って管理するのかなど、ライフサイクルにわたる医療データの保管や共有が実現するためには、いろいろとクリアしなければならない問題があることが容易に想像できる。そこで、ここでは、医療データを取り巻く現状の理解のために、まず手始めに、個々の患者が受診中の医療機関（またはその医療機関の委託先）にある医療データの現状について検討する。

1　データは「誰のもの」？

　まずは、個々の患者の医療データはいったい誰のものなのかについて考える。ここでいう医療データとは、患者の診療録（カルテ）、処方せん、手術記録、助産録、看護記録、検査所見記録、エックス線写真、紹介状、退院した患者に係る入院期間中の診療経過の要約、調剤録等のデータをいうものとして、以下検討する。これらのデータは、患者の究極の個人情報であり、個人の貴重なプ

ライバシーに係るものであるといえるところ、データの書かれた紙や媒体といった形あるものそのもの（有体物）については、誰の所有であるかということを考えることが可能であるものの、データそのものについては、これが誰の所有物であるかということについての法律的な概念は存在しない。しかし、「誰か」がそのデータにアクセスして、そのデータを利用することにより、別の「誰か」に損害を及ぼすことは容易に想像し得る。とすると、医療データが誰の所有物であるかはさておき、そのデータが個々の患者のためにのみ使用され、第三者により悪用されることがないような仕組みを考える必要がある。

2　すでにあちこちで発生している事実上のescrowをどう解釈するか

前項で見たように、個々の患者の医療データは他人に悪用されると危険な情報であり、個々の患者のプライバシーに関係する大変重要な情報であるといえる。現在、患者が病院等の医療機関にかかると、その患者に関する医療データがその医療機関に集まることになる。先ほど述べたように、個々の患者に関する医療データの中身自体は、その患者自身に関する個人情報であるところ、そもそも医療機関がどうして患者の医療データを保管することができるのか。この点については、明示的な意思表示や契約はないものの、医療機関を訪れ診療を受けることにより、患者と医療機関との間に疾病の治療を内容とする準委任契約が締結されたと解釈することができる。そして、その準委任契約の内容として、患者に対して適切な医療行為を行うために、医療機関が患者に関する医療データを取得し、保存することが含まれるため、医療データの保存を当該医療機関に対して(準)委任したと考えることができるといえる。

3　病診連携のためのデータ共有への障害

近時、地域医療の現場において、病診連携の動きが加速している。病診連携とは、地域医療等において核となる病院と地域内の診療所が行う連携のことを指す言葉であり、必要に応じて、患者を日常的に通院している診療所から専門医や医療設備の充実した核となる病院に紹介して、より高度な検査や治療を提供することにより、地域医療において効率的な医療の提供が実施されるととも

に、医療費の削減を図ろうというものである。現在、全国各地でこのような病診連携に向けた動きが進んでいるところだが、その病診連携においては、診療所に存在する患者の医療データを連携先の病院と共有することが不可欠であるといえる。しかし、医療データの病院と診療所の共有という点にはいろいろな障害が存在している。まず、現時点においては、迅速かつ正確、しかも安全な情報伝達手段が構築されていない。医療データが紙媒体で保存されているケースが多数を占める現状においては（特に小さな診療所ではその傾向が強い）、診療所にある紙媒体の医療データを病院に運搬する必要があり、運搬するために時間がかかるし、途中で紛失してしまうという可能性もある（なかには、患者自身がレントゲン写真等の資料を病院に持参するケースもある）。仮に、医療データが電子化されており、電子メールで病院に送信するとしても、送信先の誤りにより第三者がこれを取得したり、ウィルスに感染する等の危険も存在する。また、診療所の医療データが病院に無事に届けられたとしても、診療所と病院とでは診療録（カルテ）等の記載の形式や内容が異なるため、診療所で記録された医療データのすべてが病院には伝わらず、結局、病院が新たに患者から情報を取得しなければならないというケースもある。

このように、効果的な病診連携のために不可欠といえる医療データの共有がまだ効率的になされていないといわざるを得ず、この点をいかに効率的に解決するかが今後の課題といえる。

4 医療機関またはデータセンタの破綻もしくは被災の際のデータ保全と引継ぎ

もし、皆さんがかかりつけの医療機関またはその医療機関が医療データの保管を委託しているデータセンタが閉鎖されたり、地震などの自然災害を被った場合、皆さんの医療データはどうなるのだろうか。まず、皆さんの医療データが医療機関に保存されている場合で、その医療機関が閉鎖になったときには、医療機関が保存しているデータを患者に返還するという例はおよそ考えにくく、そのまま処分されてしまうことがほとんどだと思われる。また、自然災害に被災した場合には、バックアップをとってないとすると、医療データは失われて

しまうだろう（バックアップをとっていたとしても、バックアップごと被災することもある）。また、医療データがデータセンタに保存されていた場合、データセンタが倒産等の理由により破綻した場合には、破綻に際して保存されていたデータは、データの保存を委託した医療機関に返還されるものと思われるが、自然災害に被災した場合には、同様にバックアップをとっていなければ、やはり医療データは失われてしまう。

今回の東日本大震災において、まさに被災により医療データを滅失してしまうケースが数多く出た。また、医師の高齢化や経営環境の悪化により、閉鎖を余儀なくされる医療機関の数も増えている。さらに、患者自身も常に同じ医療機関にかかるわけではない。引っ越し等により、別の地域の医療機関にかかることも多々ある。このような自然災害の被災や医療機関の閉鎖、患者自身の移動の際に、すでに存在する医療データをいかに保全し、引き継ぐかを真剣に検討する必要がある。

5　個人情報保護法との関係

また、以下の項において医療データについてより詳細に検討を加える前提として、ここで医療データと個人情報保護法の関係についてまとめて検討する。個人情報とは、個人情報保護法2条1項において、「生存する個人に関する情報であって、当該情報に含まれる氏名、生年月日その他の記述等により特定の個人を識別することができるもの」とされている。診療録（カルテ）や検査所見記録等には、患者の氏名等が記載されていることが一般的であることから、匿名化されているなどの事情がない限り、これらは同法に規定する「個人情報」に該当する。そこで、個人情報を保管する医療機関等は同法に従う必要がある。同法の主な定めとしては、医療機関等は個人情報を取得するに際しては、あらかじめ院内掲示等によってその利用目的を公表している場合を除いては、速やかにその利用目的を本人に通知または公表しなければならず（個人情報保護法18条1項）、原則的に取得の際に特定された利用目的の達成に必要な範囲を超えて個人情報を利用することは禁じられる（同法16条1項）。医療機関等は取得した個人データを安全に管理するために必要かつ適切な措置を講じなければな

らず（同法20条）、個人データを第三者に提供するにあたっては、一定の場合のほか、あらかじめ本人の同意を得ないでこれを行うことはできない（同法23条）。ただし、利用目的の達成に必要な範囲内において、個人データの取扱いの全部または一部を「委託」する場合には、本人の同意を得ることが必要な第三者に対する提供に該当しない（同条4項1号）。

　近時、医療機関等が診療録等を外部の委託先にて保管するケースが増えているが、この場合、個人情報保護法は、委託された個人データの安全管理が図られるよう、委託を受けた者に対する必要かつ適切な監督を行うことを求めており（同法22条）、さらに、外部保存の方法の種類に従って、医療機関等が遵守すべき事項が厚生労働省の発行するガイドライン[2]の形で定められている。

II　解決のみちすじ

1　はじめに

　本項においては、第1に、日本において医療情報がどのような形態で保存・管理されているか、その現状を紹介したあとで、その問題点を分析し、第2に、想定し得る医療情報の保存・管理の法的構成の3類型をあげた上で、特に病院・診療所・開業医が破産したり、強制執行を受けたり、または開業医が死亡したときについて、医療情報の保存・管理の文脈でどのような法的効果が生じ、

1）　「個人データ」（個人情報保護法2条4項）とは、「個人情報データベース等」を構成する「個人情報」を指し、「個人情報データベース等」（同条2項）とは、特定の個人情報をコンピュータを用いて検索することができるように体系的に構成した個人情報を含む情報の集合体、またはコンピュータを用いていない場合であっても、紙面で処理した個人情報を一定の規則（たとえば、五十音順、生年月日順など）に従って整理・分類し、特定の個人情報を容易に検索することができるよう、目次、索引、符号等を付し、他人によっても容易に検索可能な状態においているものをいう、とされている。厚生労働省「医療・介護関係事業者における個人情報の適切な取扱いのためのガイドライン」(2004年12月24日) 7頁〈http://www.mhlw.go.jp/topics/bukyoku/seisaku/kojin/dl/170805-11a.pdf〉。

2）　厚生労働省「医療情報システムの安全管理に関するガイドライン第4.1版」(2010年2月)〈http://www.mhlw.go.jp/shingi/2010/02/dl/s0202-4a.pdf〉。

それは医療情報の保存・管理に対してどのような影響を与えるか、について、当該3類型ごとに比較検討し、最後に、どのような形態の医療情報の保存・管理が望ましいか、および医療情報を保存・管理する組織としてはどのような組織が望ましいかについて、論じる。

2 医療情報が保存・管理されている形態

日本において、医療情報が保存・管理されている形態は、以下のとおりにまとめることができる（本項において、「病院」とは、特段の記載がない限り、法人としての病院、診療所および個人開業医を総称する）。

① 病院が、紙媒体のカルテを、当該病院内で保存・管理する。
② 病院が、紙媒体のカルテを、倉庫業者と寄託契約を締結して、倉庫業者にこれを預ける。
③ 病院が、電子カルテを、当該病院内のサーバーに保存・管理する。
④ 病院が、電子カルテの保存・管理を、外部の情報処理業者に委託して、情報処理業者のデータセンターのサーバーにこれを保存・管理する。[3]
⑤ 複数の病院が、患者情報の交換および患者の紹介のために地域医療連携のネットワークを作り、当該ネットワークの中心となる拠点病院や当該ネットワークを運営する医師会などに、当該ネットワークに参加する病院のために共有のサーバーを置いて、その共有サーバーに各病院において固有の電子カルテを保存・管理するサーバーに保存された電子カルテ情報のうち、共有のサーバーに置くものと定めた範囲の情報を送って、共有の医療情報ファイル（データ

---

3) 診療録等の外部保存の要件については、「『診療録等の保存を行う場所について』の一部改正について」(2010年2月1日付医政発0201第2号・保発0201第1号厚生労働省医政局長・保険局長連名通知)〈http://www.mhlw.go.jp/bunya/iryou/johoka/dl/05.pdf〉、厚生労働省「医療情報システムの安全管理に関するガイドライン第4.1版」(2010年2月)〈http://www.mhlw.go.jp/shingi/2010/02/dl/s0202-4a.pdf〉、「ASP・SaaS事業者が医療情報を取り扱う際の安全管理に関するガイドライン第1.1版」(2010年12月)〈http://www.soumu.go.jp/main_content/000095031.pdf〉および経済産業省「医療情報を受託管理する情報処理事業者向けガイドライン」(2008年7月)〈http://www.meit.go.jp/policy/it_policy/privacy/080724iryou-kokuzi.pdf〉参照。

ベース）を作り、各病院の固有の電子カルテのファイルの保存・管理とは別に、かかる共有のファイルを保存・管理する[4]。

⑥　上記⑤において言及する地域医療連携のネットワークにおいて、当該ネットワークに参加する病院すべてが外部の情報処理業者に共有ファイルの保存・管理を委託して、各病院が、各病院の電子カルテ情報のうち共有のサーバーに置くものと定めた範囲の情報を当該情報処理業者のデータセンターに送って、共有の医療情報ファイル（データベース）を作り、各病院の固有の電子カルテファイルの保存・管理とは別に、かかる共有のファイルを保存・管理する[5]。

①ないし④は、病院が単独で医療情報を保存・管理する形態であり、⑤および⑥は、医療情報の集約化・医療連携の観点から、複数の病院が、各病院の固有の医療情報の保存・管理とは別に、必要な医療情報を共同して保存・管理するものである。いずれにしても、医療情報の量が巨大化した場合は、②、④および⑥のように、医療情報を外部の情報処理業者（紙媒体のカルテなら倉庫業者、電子カルテなら情報処理業者のデータセンター）に委託して保存・管理してもらわざるを得なくなる。いずれも、医療情報の保存・管理の主体は、病院であり、必要に応じて、病院が保存・管理の委任契約を結んで、事実上の保存・管理を倉庫業者や情報処理業者が担当する、という法的構成をとっていると思われる。

3　現状における医療情報の保存・管理方法の問題点

上記のような、現状における医療情報の保存・管理方法には、以下の問題点がある。

①　カルテには法定保存期間があり[6]、これを超えて各医療機関が医療情報を

4）　わかしお医療ネットワーク（千葉県東金市）〈http://www.pref-hosp.togane.chiba.jp/cooperation/index.html〉、松戸市電子医療情報ネットワーク EMI-NET（千葉県松戸市）〈http://www.obako.or.jp/eminet/〉、あじさいネットワーク（長崎県）〈http://www.ajisai-net.org/ajisai/index.htm/〉、タイムライン連携システム（長野県松本市）〈http://www.ntt-east.co.jp〉、信濃毎日新聞2011年6月11日朝刊4面。
5）　かがわ遠隔医療ネットワーク K-MIX（香川県）〈http://www.m-ix.jp/〉
6）　医師の「診療録」の保存期間は、5年間（医師法24条2項）、「診療に関する諸記録」の保存期間は、2年間（医療法施行規則20条10号）。診療録の保存義務の起算時を「その患者に

保存・管理しない限り、患者はカルテの法定保存期間を超えた医療情報を利用することができない。

② 病院または委託を受けた情報処理業者・倉庫業者が破綻した場合、強制執行を受けた場合、または個人の開業医が死亡した場合、患者による医療情報の利用に支障を生じる事態となる。

③ 医療情報を保存・管理している場所が自然災害・火災などの災害にあって医療情報が消失した場合、患者は医療情報を利用することができなくなる。

④ 患者が病院を転院したり、複数の病院にかかっている場合、医療情報を収集・集約する作業は患者にまかされており、患者はこれまでに治療を受けた病院1つ1つにあたって記録を出してもらわなければならない。すなわち、患者にとって医療情報の利用が容易でない。この問題は、患者が地域医療ネットワークの参加病院以外の病院にかかっている場合に生じ得る。

4 病院が破産した場合、強制執行を受けた場合または開業医が死亡した場合における法的処理と医療情報の保存・管理に対する影響

本項においては、特に上記3の②の問題点について、分析する。考察の方法は、上記2記載の現状から抽出できる医療情報の保存・管理の法的構成のモデル（**図表1**および**図表2**）と、新たに本書において問題提起する信託を利用した法的構成のモデル（**図表3**）について、病院が破産した場合、病院が紙媒体のカルテ、単独所有の電子カルテサーバー、共有の医療情報データベースまたは共有の医療情報データベースサーバーに強制執行を受けた場合、または開業医が死亡して相続が生じた場合、どのような法的効果が生じ、それは医療情報の保存・管理に対してどのような影響を与えるかを、比較検討する方法をとる。

対する一連の診療が終了した日」と解するのが一般的な考え方である。金川琢雄『現代医事法学〔改訂第2版〕』（金原出版・1995）47頁。なお、保険医療機関及び保険医療養担当規則9条（8条、22条）は、起算時を「［診療の］完結の日から」と明確にしている。

II 解決のみちすじ 15

図表 1

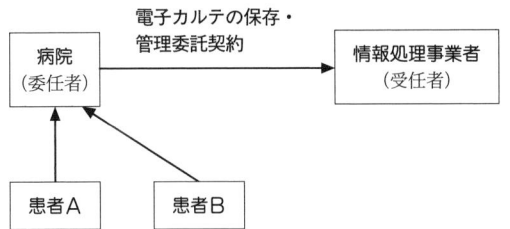

図表 2

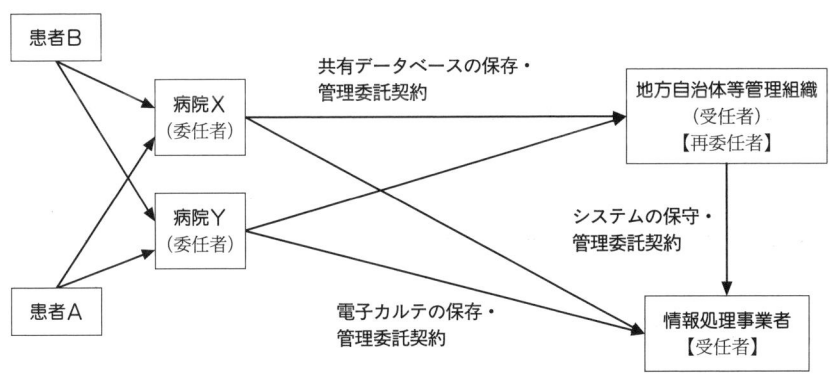

図表 3

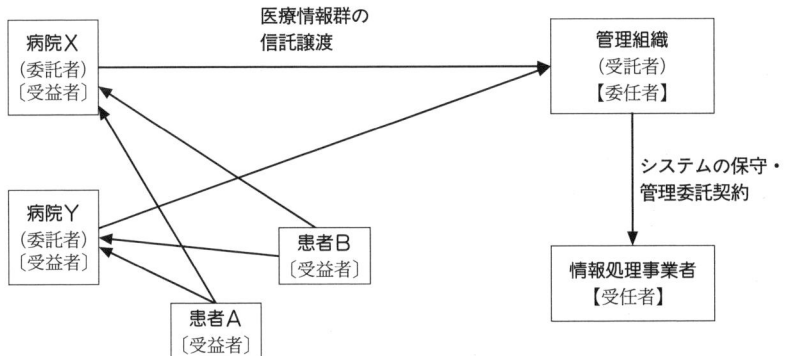

(1) 議論の前提

① **図表1**の場合は、単独の病院が委任者となって、情報処理事業者（受任者）と電子カルテの処理・保存・管理の委託契約（準委任）を締結して、電子カルテを外部保存する場合である。

② **図表2**の場合は、複数の病院が参加機関となって、患者情報の交換・患者の紹介を目的に地域医療連携のネットワークを構成して、患者情報の共有データベースを作るべく、まず、参加する複数の病院はそれぞれが、固有の電子カルテの外部保存のために、同一の情報処理事業者と電子カルテの保存・管理の委託契約を結ぶ。同時に、すべての当該参加機関たる病院が共同で、地方自治体など医療情報を管理する組織（受任者）と共有データベースの保存・管理の委託契約を結んで、それぞれの固有の電子カルテファイル（オリジナル）から一定の医療情報の複製を抽出して共有データベースを作り、これを共有する。地方自治体などの受任者が、各参加機関たる病院が固有の電子ファイルの保存・管理を委託した情報処理事業者との間で、共有データベースの処理・保存・管理のためのシステムを保守・管理するための委託契約を締結して、情報処理事業者に共有データベースの管理を行ってもらう、というものである。

③ **図表3**の場合は、各病院（委託者）が保存・管理している患者の医療情報群を、患者および病院を受益者として医療情報を管理する組織（受託者）に信託譲渡し、受託者は、医療情報のデータベースの保守・管理を情報処理業者に委託するという手法である。信託という手法を法的に取り得るかについての考察は本章IIIおよび第5章に譲る。

④ 電子カルテ等に対する権利関係の性質については、詳細な議論は第5章Iに譲るとして、ここでは、**図表1**ないし**図表3**において、病院の固有の電子カルテ（患者ごとに作成される各電子カルテおよびすべての患者の電子カルテの集合体）は、病院に帰属する、一種の財産権の対象物と考える。また、**図表2**において、参加病院である複数の病院が共有するデータベース（各病院の固有の電子ファイルから抽出した必要な医療情報からなり、参加病院間で互いに参照できるようにしたり、情報を時系列で配置するなどの特色を有する共有データベース）は、参加病院である複数の病院に帰属する（複数の病院が共有データベースに対

する共有持分を有する)、一種の財産権の対象物と考える[7]。かかる病院の電子カルテ等に対する権利が、破産財団を構成したり、強制執行の対象財産または相続財産となる。

(2) 病院が破産した場合

① **図表1** および **図表2** ともに、委任者たる病院の破産により、病院（委任者）と情報処理事業者（受任者）との固有の電子カルテの保存・管理の委託契約（準委任契約）、および破産した病院と地方自治体等管理組織との間の共有データベースの保存・管理の委託契約（準委任契約）は終了する（民法653条、654条）。これに伴い、**図表1** および **図表2** において、固有の電子ファイルは情報処理事業者から破産管財人に返還され、また **図表2** において、共有データベースに対する共有持分の破産管財人に対する観念的な返還が問題となる（同法646条）。**図表3** は、病院の破産によって契約関係は影響を受けない。

② **図表1** および **図表2** において、紙媒体のカルテ、または電子カルテファイルもしくは病院の単独所有の電子カルテサーバー、および **図表2** において、共有データベースに対する共有持分は、破産財団に属し、病院を清算するまで破産管財人の管理・処分権に服する（破産法78条1項）。

③ ここで、破産管財人が、紙媒体のカルテ、または電子カルテもしくは病院の単独所有の電子カルテサーバー、または共有データベースに対する共有持分を換価処分できるか、が問題となる。これについては、破産管財人は、これらの換価処分を事実上行えないと解する。その理由は、これらの換価処分はカルテに記載されている患者の個人情報の譲渡を伴うので、個人情報保護法上は個人データの第三者提供（個人情報保護法23条）に該当するが、個人データの第三者提供は、患者の事前の同意がない限り行えないので（同法同条）、破産管財人は、同法の個人情報保護取扱事業者には該当しなくとも、カルテやカルテを保存してあるサーバーの管理処分にあたっては、個人情報保護法の趣旨に添う

---

[7] 電子カルテまたは共有データベースについては、データの配置は、一般に情報処理事業者側で決め、また機能的で統一的な方向にあり、データの収集も自動的に行われたりするなど、創作性がないものであるため、ここではこれに対する著作権は考えない。

ことが求められると考えられるところ、患者がかかる同意を行うことは、普通は考えられないからである。また、**図表2**における共有データベースに対する共有持分については、上記の個人情報保護法上の理由に加えて、共有物（ここでは、所有権以外の財産権にかかる準共有の場合を含む）の管理については他の共有者の過半数の同意が必要なところ（民法252条、264条）、他の参加病院が同意をすることは通常考えられないからである。

④　それでは、**図表1**および**図表2**において、破産管財人は、固有の電子カルテやカルテを保存してあるサーバーをいかに取り扱えばよいか、である。1つは、個人情報が漏洩しないように、カルテを廃棄、またはサーバーから医療情報を復元できないように削除した上で、サーバーを廃棄するという方法が考えられる。もう1つは、病院が廃止された場合のカルテの取扱いに関する厚生労働省の通達[8]とのアナロジーで、破産管財人がカルテやカルテを保存してあるサーバーを保健所に預けるという方法が考えられる。どの方法をとるかは、破産管財人が裁判所の指導を受けながら決める、ということになろう。

一方、**図表2**において、共有データベースに対する取扱いはどうなるか、が問題となる。上記①に記載のように、破産した病院と地方自治体等管理組織との共有データベースの保存・管理の委託契約は終了しても、他の参加病院と地方自治体等管理組織との間の共有データベースの保存・管理の委託契約は存続しているので、共有データベース自体は利用可能な状態で存続している。ところで、患者の同意や他の共有者の同意が得られないために共有持分の換価処分が行えないときは、破産管財人が共有物の分割請求（民法256条）として、他の参加病院に対して価格賠償の請求を行うというリスクがある。この場合、これに対する法的解決がなされるまでは、患者の医療情報の利用に支障が生じ得る。また、破産管財人が共有持分に対する権利放棄をする場合、その前提として患者の医療情報を削除できるか、が問題となる。これについては、共有の目的

---

8)　畔柳達雄=児玉安司=樋口範雄編『医療の法律相談』（有斐閣・2008）101-104頁。「医事法規の疑義について」（1956年2月11日医発第105号滋賀県知事宛厚生省医務局長回答）、「医師法24条に規定する診療録等の取り扱いについて」（1972年8月1日医発第1113号医務局長・薬務局長発福岡県知事宛通知）。

（参加病院が相互に患者の医療情報を交換したり、参照しあうということ）は、参加病院の1つが廃業しても、患者の医療情報は削除できないことを含意していると考えられるので、破産した病院の固有の電子ファイルは廃棄されても（患者のオリジナルの医療情報は削除されても）、共有データベースから同じ患者の医療情報を削除することはできない、と考えられる。そこで、**図表2** の場合は、患者（およびその担当医）は共有データベースを利用する方法を通じて、医療情報を利用することができる。

⑤　いずれにしても、**図表1** および **図表2** において、固有の電子カルテ等については、破産管財人がこれを廃棄処分した場合は、患者は医療情報を利用できなくなる。また、破産管財人が固有の電子カルテ等を保健所に預けた場合といえども、電子カルテファイルの保存されたサーバーやファイルを預けただけでは、保健所がそのファイル用のアプリケーションソフトやPC環境を保持していないと、患者の医療情報開示の求めに応えられないという限界がある。そもそも根本的に、病院が破産した場合、カルテ等の取扱いについて、破産管財人が破産裁判所の指導を受けながら決定するまでの一時期、患者は医療情報の利用が制約される。一方、**図表2** の場合は、共有データベースは存続するので、患者（およびその担当医）は共有データベースを通じて医療情報を利用することができる。ただし、この場合でも、破産管財人が共有物分割請求をした場合は、法的解決がなされるまで、患者の医療情報の利用に支障が生じ得るといえる。

⑥　他方、**図表3** の場合は、信託譲渡により、各病院の医療情報群は信託財産として受託者の管理処分下に置かれ、委託者、受託者および受益者のものでもない財産となる。信託財産には倒産隔離という効果があり、委託者・受託者の破産、または委託者・受託者に対する強制執行によって影響を受けないという効果がある（法23条1項、25条）。[9] したがって、信託という手法をとることが可能であれば、病院や受託者組織が破産しようと、病院の債権者から強制執行を申し立てられようと、患者は信託財産を構成する医療情報群のデータベースか

9）　樋口範雄『入門　信託と信託法』（弘文堂・2007）7‐9頁、41頁。

ら医療情報を利用することができる。

(3) 病院が債権者から強制執行を受けた場合
① **図表1** および **図表2** の場合、病院の債権者が、紙媒体のカルテまたは固有の電子カルテを保存してある病院が単独所有するサーバー、固有の電子カルテまたは共有データベースに対する共有持分を差し押さえるということは考えられる。ただし、個人情報保護法の趣旨から、患者の同意が得られない限り、債権者によるサーバー等の換価処分はできないと思われる。しかし、カルテやサーバー等の差押えが行われている一時期、患者による医療情報の利用に支障が生じ得る、といえる。しかし、**図表2** の場合、他の参加病院の共有データベースを通じて、患者は医療情報を利用することはできる。
② **図表3** の場合、病院の債権者は、すでに信託財産となった医療情報群を差し押さえることはできない。したがって、患者による医療情報の利用は制限を受けない。

(4) 開業医が死亡した場合
① **図表1** および **図表2** の場合、開業医（委任者）と情報処理事業者（受任者）との間の固有の電子カルテの処理・保存・管理の委託契約、および **図表2** の場合、開業医と地方自治体等管理組織との共有データベースの保存・管理の委託契約は終了する。情報処理事業者は、開業医から受け取った電子カルテのデータを開業医の法定相続人に返還することになる。**図表3** の場合、契約関係は影響を受けない。
② 開業医の法定相続人（以下の議論は、この者が、被相続人の医業を引き継がないことを前提とする）は、固有の電子カルテのデータおよび共有データベースの共有持分を相続財産として相続することになる。しかし、開業医のカルテ保存義務は一身専属的なので、法定相続人には電子カルテのデータの保存義務は生じない。
③ ところで、法定相続人は、固有の電子カルテのデータをどのように取り扱うべきか、であるが、復元できないように廃棄処分するか、地域の保健所に

預けるか、ということになる。[10]廃棄処分した場合は、患者は医療情報を利用できなくなる。保健所に預けた場合でも、電子カルテのファイルのためのアプリケーションソフトやPC環境を保健所が保持していない場合は、患者による医療情報の利用に支障が生じ得る。また、**図表2**の共有データベース上のデータについては、共有の目的上、共有データベースから患者の医療情報を削除することはできないと考えられる。そこで、患者は、共有データベースを通じて、医療情報を利用することができるのではないか、と考える。他方、**図表3**の場合、開業医の患者の医療情報は、すでに信託財産を構成しているので、開業医の死亡により影響を受けない。したがって、開業医が死亡しても、患者は医療情報を利用することができる。

5　解決のみちすじ

上記4において検討したように、病院が単独で医療情報を保存・管理している法的構成の場合（**図表1**の場合）は、病院が破産したり、個人開業医が死亡した場合については、固有の電子カルテは廃棄されるか、または保健所に預けられるかして、患者の医療情報の利用に支障が生じ得る。また強制執行の場合も、差押えがなされている間は、患者の医療情報の利用に支障が生じ得る。

次に、複数の病院が地域医療連携のネットワークを構成する法的構成の場合（**図表2**の場合）は、病院固有の電子カルテの帰趨については**図表1**の場合と同様であるが、共有データベースは存続するので、破産の場合、強制執行の場合および個人開業医の死亡の場合も、患者は他の参加病院の保有する共有データベースを通じて医療情報を利用することは可能であると考える。ただし、破産の場合に、破産管財人が、他の参加病院に対して共有データベースの分割請求を行った場合は、法的解決がなされるまでは患者の医療情報の利用に支障が生じ得るリスクはあるかもしれない。また、共有データベースに記載されていないオリジナル情報の利用に支障が生じ得るというリスクはある。

これに対して、信託という法的構成をとった場合（**図表3**の場合）は、病院の

---

10)　畔柳=児玉=樋口編・前掲注8)参照。

破産、強制執行または開業医の死亡などによって、医療情報の保存・管理は全く影響を受けず、患者の医療情報の利用に支障は生じないというメリットがある。

そこで、**図表2**の法的構成をとるか、**図表3**の法的構成をとるか、いずれにしても、上記3②における問題点を解決し、医療情報を集約化（一元化）し、その継続性を保証するという目的を達成するためには、私企業でも病院でもない、破産のおそれのない、信頼できる、永続性のある第三者組織に医療情報を預けて、未来永劫にわたってこれを保存・管理してもらうことが必要なのではないか、と考える。

6 医療情報の管理をするのに望ましい組織についての考察

医療情報の管理をするのに望ましい組織は、以下の観点が必要である、と考える。

(1) 破産するリスクの少ない組織であること

図表2および**図表3**のいずれの場合でも、医療情報を管理する組織が破綻したり、信用状況に不安が生じたときは、一時期医療情報の保存・管理の業務、したがって患者による医療情報の利用に支障が生じるリスクが考えられる。そこで、これを避けるために、本項(1)および(2)の観点が必要である。

破産するリスクの少ない組織としては、国、地方公共団体、独立行政法人などの非営利組織が考え得る。

(2) 信用性のある組織であること[11]

信用性のある組織であるということは、破産リスクを少なくするための法的担保がなされている組織であるということである。経営の透明性を確保するための定期的な監査の義務付けなど、法的に、銀行に類似する規制・監査フレームワークのある組織であることが必要である。**図表2**の場合、委託先の地方自治体の場合は、条例や地方自治法等によって監査等の手続は定められている。

---

11) Holly Dara Miller, William A. Yasnoff & Howard A. Burde（石樽康雄訳）『パーソナルヘルスレコード―21世紀の医療に欠けている重要なこと』（篠原出版新社・2009）85頁。

図表3 の場合、受託者に対する監査等が、信託法や信託業法の規制だけで十分かという問題がある。

(3) 中立性のある組織であること

医療情報は、患者のための情報であるとともに、研究・教育への利用など医学の進歩に貢献するなどの公益的側面がある[12]。かかる公益的側面のある医療情報を管理する組織としては、組織の経営・財政状況や政治的目的に左右されずに管理を継続できる中立性のある組織であることが求められる。

(4) 医師の高度の守秘義務との調和

医師と患者との関係については、信認関係にあるとして信託法理で説明する説もあり、これによると、患者は専門家としての医師を信頼しているからこそ、自分の生命・身体および種々の秘密を託して治療を受ける[13]。この裏の側面として、医師は、カルテの作成・保存義務および守秘義務を患者に対して負うのである[14]。医師の守秘義務は、故意の漏洩に対しては刑法上秘密漏示罪（刑法134条）が成立するなど罰則をもって担保される、高度なものである。

患者にとっては、たとえ医療情報の継続性や集約化という政策目的があるにしても、治療を受けた医師・病院から別の組織に自分の医療情報が移転することは想定外のことである。したがって、医療情報を管理する組織としては、その関係者に対して、医師の守秘義務と同様に、故意の漏洩に対して罰則をもって担保するような守秘義務を負わしめる規制のあることが、患者の期待に添うものとして望ましいのではないか、と考えられる。

ところで、医療情報を管理する組織が一般の私企業である場合は、個人情報保護法が適用されるが、同法では、漏洩行為を直接処罰する規定はない。個人情報取扱業者が違反行為をしたときに、主務大臣から命令を受けて、当該命令に違反する行為があった場合に初めて、事業者および違反行為者が処罰を受けることになる（個人情報保護法56条、58条）。

一方、管理する組織が行政機関である場合は、行政機関個人情報保護法が適

---

12) 畔柳=児玉=樋口編・前掲注8）99-100頁。
13) 畔柳=児玉=樋口編・前掲注8）9-12頁、98-111頁。
14) 日本医師会『医師の職業倫理指針〔改訂版〕』（2008年6月）。

用され、個人情報の取扱いに従事する行政機関の職員がコンピュータ処理されている個人情報ファイルを漏洩した場合や盗用した場合、行政機関から個人情報の取扱いの委託を受けた受託業務に従事している者が個人情報ファイルを盗用した場合は、同法により処罰の対象となる（行政機関個人情報保護法7条、53条、54条）。[15]

　上記の医師の高度の守秘義務、および個人情報保護法等の建付けとの調和を考えると、医療情報を管理する組織の関係者が、罰則をもって担保される医師と同等の高度の守秘義務を負うことが望ましく、したがって、管理者たる組織は、国、地方自治体、行政機関であることが望ましいのではないか、と考えられる。

(5)　**カルテの保存期間との関係**

　永久に（あるいは、少なくとも、患者および患者の医療情報が役に立つであろう近い血縁者の存命中は）医療情報が保存されることが望ましい。そのためには、医師や病院が固有のカルテのオリジナルを所有して法定保存期間保存するにしても、その複製を管理者に預けて、オリジナルとは別の、共有のデータベースを作って永久保存する法的構成が望ましい。

(6)　**法的構成の変更が可能であること**

　現状では、複数の病院が医療情報を1つの組織に預けて管理してもらうという構成をとっているが、将来、国民1人1人の個人健康記録を作れる段階に至ったときに、患者個人が主体となって、個人健康記録を作れるように制度設計を変更できるような法的構成であることが必要である。

　図表3では、委託者と受益者の同意があれば、信託を解除できるが、この場合、受益者たる患者個人が、信託財産である医療情報群の中から自分の個人情報のみを抽出して解約できるのか、が問題となる。

【参考文献】
日本医療情報学会医療情報技師育成部会編『新版医療情報 医学・医療編』（篠原出版新

---

15)　岡村久道『個人情報保護法』（商事法務・2004）522-523頁。

社・2009）
日本医療情報学会医療情報技師育成部会編『新版医療情報 情報処理技術編』（篠原出版新社・2009）
畔柳達雄＝児玉安司＝樋口範雄編『医療の法律相談』（有斐閣・2008）
里村洋一編『電子カルテが医療を変える〔改訂版〕』（日経BP社・2003）
田中博『電子カルテとIT医療〔新版〕』（エム・イー振興協会・2007）
医療マネジメント学会監修『新たな医療連携の実践』（じほう・2001）
平井愛山編『失敗しない地域医療連携』（医学芸術社・2004）
武藤正樹監修＝東京都連携実務者協議会編『一歩すすんだ医療連携実践Q&A』（じほう・2009）
秋山美紀『地域医療におけるコミュニケーションと情報技術』（慶應義塾大学出版会・2008）
Holly Dara Miller, William A. Yasnoff & Howard A. Burde（石棒康雄訳）『パーソナルヘルスレコード―21世紀の医療に欠けている重要なこと』（篠原出版新社・2009）

III 信託法上の課題

病院などの医療機関が得た患者の医療情報を、クラウド上に構築された医療情報管理システムに保管し、そのシステム内において継続管理し、その患者を診察する医師が交代しても、あるいは、患者が引っ越して新たな医療機関に通院することになっても、新たに診察することになった医師が、患者の求めに応じてその患者の治療のために保管した医療情報を利用することができるという制度の法的位置づけ（法律関係）が課題である。

1 信託法上の信託を利用する場合の信託財産

まず、この法律関係を、「医療情報管理システムの管理者」を「受託者」とし「医療機関」を「委託者」とする信託法上の信託として構成する場合、信託財産は「患者の医療情報」ということになるが、そもそも「情報」の信託ができるかという大きな問題がある。

① 従来、旧信託法1条は、信託行為の目的となる信託財産は「財産権」でなければならないと規定し、この財産権の具体的な内容は学説に委ねられ、一

般には、信託財産とすることができる財産権の条件として、(イ)金銭への換算可能性、(ロ)積極財産性、(ハ)移転ないし処分の可能性、および(ニ)現存・特定性の4つが挙げられていた[16]。

② そして、新信託法2条も、「この法律において『信託』とは、次条各号に掲げる方法のいずれかにより、特定の者が一定の目的……に従い財産の管理又は処分及びその他の当該目的の達成のために必要な行為をすべきものとすることをいう」として、「財産権」が「財産」に変更されており、同法14条以下においても信託の対象が「財産」であることが前提となっている。また、同法3条1号について、「旧信託法が『財産権』であることを必要とし、信託設定行為時の信託財産の幅を狭める結果となったことから、新信託法では単に『財産』と規定し、これにより『金銭的価値に見積もりうるものすべてが含まれ、『○○権』と言われるまで成熟したものである必要はない』ことが明らかとなった[17]」との解説がされている。さらに、信託に関する権利義務の承継を定めた同法75条は、「信託に関する権利義務の承継」として承継対象を「信託財産」(旧法50条1項)から「信託に関する権利義務」に広げているが、それは契約上の地位(債権債務のほか、解除権、取消権等を含む)も承継の対象となることを明確にするためであって、それ以上のものではない[18]。

③ そうすると、信託法が、「財産」の信託を予定していることは、まちがいない。そこで、「情報」あるいは「情報群」(たとえば、ある医療機関においてある期間内に取得された医療情報のすべて、あるいは、医療情報システム上に蓄えられた医療情報のすべて、などといったくくり方が考えられる)が、信託法上の「財産」たり得るかどうかが問題となる。

まず、前記の「(ハ)移転ないし処分の可能性」があるというためには少なくとも「管理可能」でなければならないから、この「財産」の意味を「管理可能な価値物」と捉え直すことによって、「情報」あるいは「情報群」をこれに含め

---

16) 新井誠『信託法〔第3版〕』(有斐閣・2008) 324頁、四宮和夫『信託法〔新版〕』(有斐閣・1989) 132頁以下。
17) 小野傑=深山雅也編『新しい信託法解説』(三省堂・2007) 16頁。
18) 寺本振透編『解説 新信託法』(弘文堂・2007) 132頁。

ることが考えられる。しかし、この「管理」の意味を仮に「所有権とその目的物との関係」と同様にとらえるならば、「提供者が独占的に情報を支配してこれを提供し、また、情報利用を許諾すること」ということになって委託者から受託者へ「財産」を移転するという信託の仕組みに適合しないことになる。そこで、「管理」の意味を「個人情報が適切に保管され、必要なときにアクセスできるようになっていること」と考えるならば、「情報」あるいは「情報群」は、「管理可能な価値物」であって、信託法上の「財産」たり得ると解することが考えられる。

　もっとも、ここでいう「管理」は個々の医療情報の「安全な」管理を意味するにとどまり、「移転の可能性」を想定した「管理」にはいたらないと考え、財産性を議論する局面における「管理」といえるかどうかについて、なお、躊躇をおぼえる向きも多いであろう。しかしながら、医療情報を多数集積した「情報群」であれば、医療統計的価値を含めた客観的価値物といえるから、「安全な」取扱いをするという意味の「管理」にとどまらず、客観的価値物の「移転の可能性」を想定した「管理」を観念できることは明らかである。

　そこで、信託法の趣旨からして、一定の管理が可能な「情報群」について信託財産と考えることができるかどうか、また、そうではないとしても、「情報群」に信託の法理を及ぼすことが有効である（この場合は、医療情報の管理に関して、契約責任または不法行為責任の追及においては信託法理を参考とすることにつながり、あるいは、信託法理を応用した立法提案につながることとなる）かどうかを考えることが相当である。

　「情報群」について信託財産と考えることができるかどうか、という問題については、第5章Iでテクニカルな議論を展開することになる。ここでは、まずは、情報群について信託法理を実質的に及ぼすことが相当であるかどうかについて議論する。

2　信託法理を実質的に及ぼすことの適否

　①　信託は、委託者の意思を尊重し、自己の財産を依存的信頼関係のある受託者に移転し、委託者の財産から隔離して運用する関係を成立させ、その関係

によって、現在および将来にわたって受益者が順次または優劣をつけ、あるいは一定の条件の下に利益を受けることができる制度である。

　この制度における「信託財産」の特徴は、「受益者」のための財産でありながら「受益者」も「委託者」の設定した信託目的に反して完全に自由にできず、「受託者」は受託者の名義で財産を取得していながら「受託者」が信託目的に反して自由にすることができない財産となることである。また、「委託者」は「信託財産」をすでに受託者に譲渡してしまっているので自由にできない特別なものになることである。すなわち、「信託財産」の特徴は、「委託者」、「受託者」、「受益者」の債権者からも手の出せない誰からも独立のものになり、委託者が当初設定した信託目的に従って受益者のためにだけ利用される財産となる[19]ところにある。[20]

　その結果、信託は、受託者を専門家として委託者の活動範囲を拡大する利用、委託者の財産利用方法・財産支配方法の多様化、倒産隔離によって委託者の財産権行使方法を拡大するといった目的を果たすための有効な道具立てとなっている。

　もっとも、この制度は受託者への依存的信頼関係を基礎としているので、受託者の裏切りに対する救済（第三者に対する取戻権など）を裁判所が認めることが、この制度の存立の担保として不可欠である。

　②　「患者の医療情報」から構成される情報群について、信託法理を実質的に及ぼすことが相当か。

　「財産」を「患者の医療情報群」に置き換え、「医療情報管理システムを通じて医療情報群を管理する者」を受託者、患者または患者の治療のために医療情報にアクセスする医師等を受益者として、信託に類似する関係をイメージすることができそうである。

　しかしながら、民事信託の場合は、特定の委託者と特定の受託者との間の個別具体的な依存的信頼関係（fiduciary relation）[21]が前提となって法律関係が形

---

19) 樋口・前掲注9）37頁。
20) 信託の諸モデルについて、能見善久『現代信託法』（有斐閣・2004）10頁以下。
21) 樋口範雄『フィデュシャリー［信認］の時代』（有斐閣・1999）36頁以下。

成されている。

　ところが、「医療情報管理システムを通じて医療情報群を管理する者」との間に同じような関係が成立し得る者がいったい誰か、つまり、委託者に相当する者が誰かということを決めることには、相応の困難を感ずる。

　患者は、診察・治療等医療を受けるために、医療機関（個人開業医を含む）を受診する。患者と医療機関との間の準委任契約（通説。第5章Ⅲ2⑶(i)参照）に基づき、診察・検査が行われ、その医療情報を医療機関が保存し、診察の都度、新たなデータを書き加え、更新される。

　このように、医療情報は、患者が適切な医療を受ける上で極めて重要なものであり、このため、法令によって、カルテの保存期間が決められている（医師法24条、保険医療機関及び保険医療養担当規則9条の保存義務）。

　また、医療情報は、本来患者自らに関するものであるから、患者が自己の医療情報の保有を望む場合、たとえば、セカンドオピニオン取得時や、交通事故等の被害の立証等のため、患者は費用を支払う等医療機関の所定の手続により、データの複写や借り出しが可能である。

　そして、医療情報は、患者にとって個人情報の最たるもので、第三者に知られないように管理しておくべきものであるから、「医療機関が、患者の意向に従い、その秘密情報を一定の信頼すべき管理主体に預け、大切に鍵をかけて管理してもらい、必要な都度、適時に秘密情報を取り出せるようにする」仕組みをもって、医療情報の「管理」と観念することができそうである。

　たとえば、個々の患者は、主治医または主治医の所属する医療機関に対しては、依存的な信頼関係を有するとしても（第5章Ⅲ2⑶(i)）、医療情報群を管理する者との間でそのような関係を有するかどうかは、明白ではない。また、個々の医療機関と、医療情報群を管理する者との間では、そのような関係が成り立ち得るものの、個々の医師または医療機関のレベルにおいて、医療情報の取得の都度、その医療情報が「財産」またはそれに近い性質をもつものとして法的な仕組みを考えることができるほどに、管理可能性のあるものといえるかどうかについては、若干の疑問がある。

　そうすると、「受託者に相当しそうな者（情報管理機関）」と、「それと信頼関

係に立つ可能性がある者（医師または医療機関）」と、「受益者に相当しそうな者（患者等）」が存在するとしても、情報群が「財産」またはそれに近い性質をもつのは、情報が「受託者に相当しそうな管理者」の手にわたって「情報群」に組み込まれてからではないかと思われるから、彼らの間に信託そのものを見出すことに躊躇を覚えることになる。

　一方、「すでに情報群を預かっている管理者」を「委託者に相当する者」とし、「これを安全に保管することを引き受ける第2の管理者」を「受託者に相当する者」とし、「患者、医師、医療機関等」を「受益者に相当する者」とする仕組みは、十分に想定することができそうである。

3　新たな制度としての医療情報管理の仕組み

　以上の議論に照らせば、「医療情報」の継続的な管理の仕組みとして、信託の法理を実質的な基盤としつつ、次のような法律関係を持つ仕組みを構築することが考えられる。

　①　まず、個々の「医療情報」については、おそらくは、「財産」性を引き出すほどの管理可能性については欠けているか、あるいは、最小限の管理可能性しかないと思われるから、これについて本来の帰属主体を検討することには、実質的な意味を認めがたい。

　②　ただし、その不適切な利用があったときに不利益を被る第1の者が患者であり、また、副次的には（たとえば、医療情報の同一性、一体性等が損なわれることによって適切な医療を施すことができなくなるという意味で）医師、医療機関等でもある。また、彼らは、「医療情報」および「医療情報群」が適切に利用され、適時にアクセス可能であり、かつ、不適切なアクセスや加工が排除されることについて、大きな利益を有する。

　③　次に、「医療情報群」について考える。医療機関は、それなりの量の医療情報群を有し、これを、あたかも委託者のように「医療情報の管理システム」の管理者に預ける。なお、実際には、医療機関は、医療情報群に組み込まれる個々の医療情報を日々取得し、「医療情報の管理システム」の管理者はあたかも受託者のように「医療情報」を管理・保管し、正当な利用者に対してア

クセスさせる。

④　なお、「医療情報の管理システム」の管理者が、物理的な管理は継続しつつも、その管理する「医療情報群」を、さらに、倒産可能性がなく、かつ、公正で権威のある第三者に、フォーマルな管理を委託するということも考え得る。このとき、そのフォーマルな管理者も、あたかも受託者のごとく行為することが期待されるであろう。

4　「医療情報管理システム」に関わる者の利害関係（図表4）

(1)　「医療情報群」を預ける医療機関とそれらを預かる「医療情報の管理システム」の管理者

3で述べたように、「医療情報管理システム」に日々直接の関わりを持つ者は、基本的には「医療情報群」を預ける医療機関と、それを預かる「医療情報の管理システム」の管理者である。その両者で「医療情報」のやりとりを行い、医療機関Aが患者Pの居住地の変更によってBに変更されたり、また、地震・津波などの災害による機能不全により、あるいは医師不足から廃業となり、そ

図表4

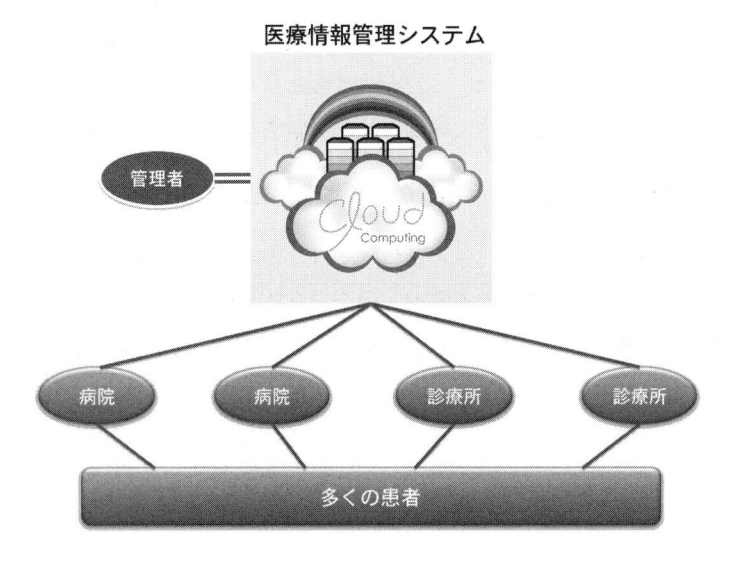

の他経営破綻して破産するなどの場合、「医療情報の管理システム」の管理者甲は、「医療情報」を管理・保全したまま、患者Ｐが次に利用する医療機関Ｂないし Ｃからの請求により、患者Ｐの「医療情報」を利用できるようにする。

(2) 患者（または、その保護者、親族など）の利害関係

　患者にとって自己の「医療情報」は、適切なときに（たとえば、診療を必要とするときに）、適切な者によって（たとえば、主治医、セカンドオピニオンを求める先の医師、検査機関、患者本人など。患者本人が医療機関の責任を問うために医療情報にアクセスする必要があることにも留意されたい）、アクセスでき、かつ、その同一性（integrity）が保障されていなければならない。患者は、「医療情報の管理システム」の管理者に対して、これらのことを保障することを求め、実行することを求め、実行されなかった場合に損害の補償等の法的救済を求めることができるとすべきである。

　また、患者にとって自己の「医療情報」は、最も重要なプライバシーの１つであるから、それが患者の意思に反して自己が診療を受ける医師以外に流通することになれば回復しがたい重大な不利益を被る。[22]「医療情報」の不適切な開示、使用等が発生したときに、患者本人が種々の法的な請求ができることはいうまでもないが、個々の患者の負担を軽減するためには、「医療情報の管理システム」の管理者、あるいは、これからさらにフォーマルな委託を受けた第三者機関が患者の利益のために、同様な法的請求ができることが好ましい。

5　「医療情報の管理システム」の管理者は、誰にするのか

　① 日本国民全体を含む日本で診療を受ける患者のすべての医療情報を管理するとなると、膨大なデータを管理・保全できる大型コンピュータと、そこへのアクセスを容易にするサーバが必要になるが、こうした機器を利用できる者となると、それなりの財政基盤をもった規模の企業か地方公共団体あるいはそ

---

22) この「医療情報」は、憲法上のプライバシー権、すなわち、情報コントロール権（憲法13条）の保障対象である。

の協同事業か国、さらには、独立行政法人等ということになる。

　確かに、国が管理すると、国民の税金で国民の医療情報を管理できて公正かつ便宜なように思えるが、最大の権力を持つ国家が、国民の最も重要な情報の一分野である医療情報を管理することによる問題点もあらかじめ検討しておくべきであろう。他方、相応の規模の企業数社が管理するとなると、独占ないし寡占となり、営利企業であることから利益事業との関係が遮断できず、また、運用も個々の企業の経営方針により区々となる可能性があり、倒産リスクにも晒され得る。しかも、管理費用の負担をどのように捻出するか、管理の適正の保障をどのようにするかなどの問題と営利事業性との調整が残ってしまう。これらは、多数の社会的弱者を含めた患者の情報の適正管理の問題であるので、価格競争のみによって適正化される問題ではない。

　②　むしろ、制度の建付けとして、医療情報群というデータを物理的に管理する行為は、企業、自治体、独立行政法人等に委ね、さらに彼らがフォーマルな（あるいは、観念的な）医療情報の管理を公正な第三者機関に委ねるものとし、患者のための権利行使は、この第三者機関にさせるという二重構造に現実味があるのではないか。このような第三者機関は、次のような、患者の利益のための行為をするに相応しいと思われる（**図表5**）。

　(ア)　個別の患者の将来の利益保護という観点からは、特定の「医療情報の管理システム」の管理者に違法行為があった場合、当該管理者に対し、当該患者あるいはより広く患者一般の医療情報の取扱いを停止させる必要がある。なお、このとき、当該医療情報の取扱いを、別の「医療情報の管理システム」の管理者に移管する必要があることからしても、「医療情報の管理システム」そのものの管理者のほかに、さらに医療情報群のフォーマルな管理を委ねる第三者機関があることが便宜である（**図表6**）。

　(イ)　さらに、「医療情報」の管理方法が適切でなくなった場合、患者や医療機関、あるいは、彼らの代弁者として機能する第三者機関の申立てにより、または裁判所が職権で、管理者に対し適切な管理方法での管理を命ずる制度（なお、法150条1項参照）、あるいは、他の管理者へのデータの移管を命ずる制度を置くことも考えられる。

図表 5

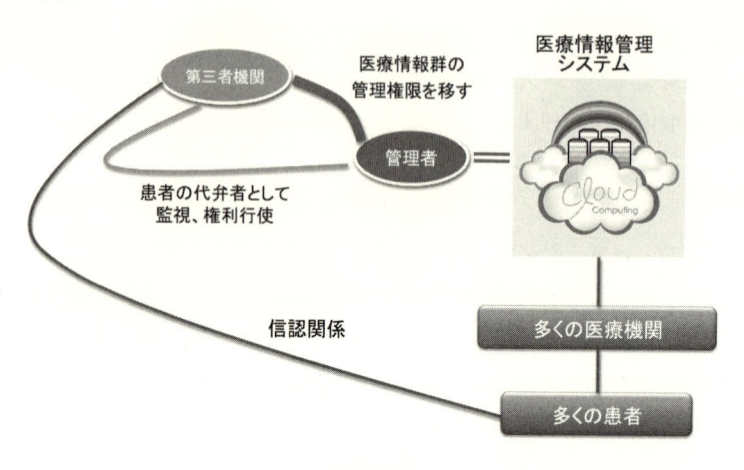

図表 6

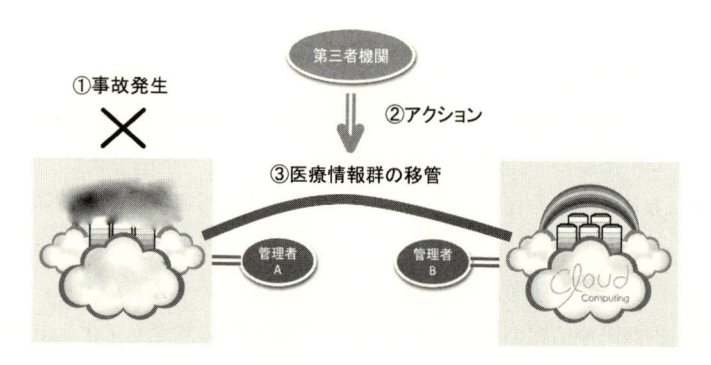

③　なお、医療情報群の病院外保管は、おそらく一斉にではなく、「医療情報の管理システム」の管理者甲が立ち上がり、医療機関A、B、Cが甲と契約して「医療情報」を甲のデータセンターに預け、医療機関D、E、F……は「医療情報の管理システム」の管理者乙にデータを預け、さらに、甲乙それぞれの契約する医療機関も順次増えていき、また、いずれは、甲と乙のデータセンターが統合し、あるいは、相互バックアップを協定する……という形を取ると思われる。

そうすると、「医療情報の管理システム」の管理者である甲と乙は、各自が預かった「医療情報」を同一の共通のデータ保管システムで管理することになるから、「信託の併合」(法149条、151条以下)と似た状況にはなる。そして、信託の併合のように、併合による信託財産価値の減少や受益者への分配金額の減少が生ずることはないから、受託者の債権者の保護手続や受益者の保護手続は必要にならない(なお、法151条、152条参照)ようにみえるかもしれない。

　しかし、甲と乙の統合または相互バックアップにより、管理水準が低い方に揃えられるようだと、やはり、患者および医療機関にとっては不利益が発生する。したがって、こうした観点から、彼らの利益を保護する手段が必要である。

　このようにクラウドを利用し医療情報を保管する究極の目的は、患者の治療のためのデータをできる限り円滑に当該患者(および当該患者の意向の下で、主治医、セカンドオピニオンを求められた医師、検査機関等)が入手できるようにするためであるから、いうまでもなく、「医療情報」のサーバー上の管理方法として、どの情報が誰の情報で、いつ更新されたかを明らかにし、患者が医療情報の開示の相手方の範囲等を選択できる制度とし、これらの同意内容に従った運用を可能とすべく、厳格なセキュリティのかかったIT技術が必要である。

　そして、注意すべきであるのは、医療情報を取り扱うのは、第1次的には当該患者と向き合う担当医師である。患者がより良い治療を受けるために、担当医師が実際の医療現場で適時に正確な当該患者の医療情報を取り出し、診察の都度、スムーズにデータを追加する等更新することが必要であり、医師の医療行為を萎縮させる方向に制度設計されてはならないであろう。そして、こうした仕組みによって患者の最適治療を実現するとともに、患者の「医療情報」が患者のために保護されるための制度的配慮を行うことが不可欠である。

第3章

研究開発の持続可能性を支えるための課題
―産学連携の観点から―

I 現状とその問題

1 研究資料の管理状況

　わが国では、国公私立大学（短期大学を含む）、国公私立高等専門学校、大学共同利用機関[1]において研究者が研究に従事し、その研究成果は公表されたり、産業界で利用されたりしている。かかる研究目的で収集され、作成されて、研究機関や研究者個人が蓄積し保存する試料、生データ等の記録、資料、標本等は、極めて多数にのぼる。研究成果そのものは、著作権の保護対象となったり特許権の保護対象となったりして、権利の対象となる財産性が多くの者によって認識され、他の研究者にも利用されることがあるものの、その基となった資料や研究に利用される試料、標本等（以下「資料等」という）の多くについては、研究機関や研究者によって公開されないまま事実上の保管が相当期間にわたって継続することが一般的かと思われる。そして、資料等は、研究機関や研究者個人の研究目的に即して収集されたものであることから、集中的に管理されるのではなく、個々の研究機関または研究者に分散して蓄積されることも多いと考えられる。こういった資料等の中には、再現できないものや、現存物の数量が限られるものもあり、その散逸や劣化を防ぐことが重要といえる。たと

---

[1] 大学共同利用機関は、大型測定機器や高速計算機等、非常に高額で大学単独では購入することが難しい研究施設を整備し、あるいは、貴重な文献や資料を収集保存することによって、学術研究の発展・振興に資するという国家政策に基づく研究機関である。たとえば国立天文台や、国立歴史民俗博物館が大学共同利用機関に該当する。

えば民話の伝承や特定地方の方言等は、承継者の高齢化に伴い失われかねず、その記録が失われれば再現が困難となるし、民具等についても同様の懸念がある。

2 研究資料の散逸または喪失等のおそれ

しかしながら、分散されて蓄積された資料等を継続的かつ適切に管理することは必ずしも容易ではない。様々な事情により、資料等が散逸することがあり得る。

まず、資料等は研究の進捗に応じ蓄積されていくことから、保存のためには物理的なスペースが必要となる。スペースが不足すれば、資料等が廃棄されかねない。

また、研究が継続されなければ、資料等が散逸し得る。研究主体が継続しない場合、たとえば研究者が研究機関を退職したり、研究機関が廃止される場合等にも、蓄積された資料や標本等が処分されかねない。研究者が一の研究機関から退職する場合に、研究者が所有していないものや、所有しているかどうかに疑念があるものは持ち出せないことがあり得る。[2] たとえば研究者の勤務先である研究機関が費用を負担して[3]取得した資料や研究設備は、研究者に貸与されたものとも考えられる。そして、研究者が研究機関に残した資料等は、適切に管理されない懸念がある。研究機関の統合でも同様のことが起こり得る。集積された資料等の継続的な保管が必要である。

さらに、資料等の性質によっては、適切な管理がなされなければ劣化や損傷が懸念されるものもある。たとえば古文書や美術的価値のある資料、あるいは、木製、金属製等の民具では温度と湿度の管理が必要となり得るし、動植物等の

---

[2] 研究機関によっては、取得金額が一定以下の資料や研究設備について、消耗品扱いとすることによって、研究者自身に管理の責任を移してしまうことがある。もっとも、研究者が退職する際に、それらを保管する物理的な場所と能力を確保しているとは限らない。

[3] 現実には、研究者自身が主体となって資金調達を行うから、研究者の主観としては、研究機関が費用を負担したという認識が薄いことが一般的である。しかしながら、法的には、そのようにして調達された資金がいったん研究機関に帰属したうえで、再度、当該研究者に配分されるという仕組みになっている。

生物系試料では、飼育、培養、取扱い、収容、冷凍保管等で適切な条件の設定および維持が必要となり得る。資料等に関する適切な保管が重要である。

また、資料等を活用するためには、資料等を蓄積するのみならず、検索や参照が可能になるよう整理される必要があるが、網羅的な検索性を備えた保管は難しいものと考えられる。

3　研究資料等の利用を許容することの有益性

それら資料等を、保管する研究機関や研究者以外の者が利用できることとなれば、経済性に資する。たとえば、失敗した実験データが公開されているならば、当該失敗実験を繰り返すことなく分析が可能となる。それに、科学においては、追試がなされることが非常に重要である。また、一の研究機関または研究者が使用しないことが明らかになった資料等がある場合には、経済性や効率性の観点から、同様の試料、資料、標本等を必要とする他の研究機関または研究者に利用されることも考えられる。たとえば、ある研究者が、マウス等の生物を利用した一定の実験を計画したものの、実験を行う前に研究機関を退職することとなり、実験用生物が不要となった場合に、すべて廃棄するのは不経済と思われる。

貴重な資料等が当該研究機関や研究者以外の者にも活用されていくことは、さらなる研究や教育の点でも有益である。そのため、資料等が散逸・劣化の懸念のない方法で保管されることが重要である。

4　研究開発の持続可能性を支えるために

とはいえ、資料等を継続的かつ安全に保管し、また知的資源として活用できるようにするために、保管する主体に求められる要請は多岐にわたる。

まず、保管する主体が継続しない場合には資料等の散逸のおそれが否定できないことから、保管する主体は永続的なものであることが望ましい。

また、保管する主体には、資料等が毀損されたり改ざんされたりすることのないよう、安全に保管する能力も必要である[4]。資料等の性質に応じ、適切に管理する能力（または適切な管理者を選任し、監督する能力）も必要となる。

さらに付け加えると、知的資源として活用することを考えれば、資料等が提供される環境を整えることも無視できない。資料等の提供者の権利の保護と、資料等の利用者による自由な研究開発のバランスをとった公正な利用のためのルールの設定と、ルールを実行する機能があることが望ましい。たとえば、資料等の作成者や提供者の利益保護の観点から、著作物である資料を利用した研究成果であれば、公表の際に利用した資料を引用しなければならず、また、資料の複製を作成して配布したり、オンラインで広く一般に公表したり、商業的に利用したりすることが、著作者の許諾なく行われることのないように規律することが望ましい。他方、複製や商業的利用への許諾を円滑にする何らかの仕組みがあれば、資料等の利用者の研究を促進する一因ともなり得る。

II 解決のみちすじ

1 信頼できる第三者が知的資源を管理する必要性

研究開発の持続可能性を支えるためには、知的財産権、情報、研究開発に関するマテリアルといった知的資源を保管する主体は、①永続的なものであることが望ましい、②資料等が毀損しないよう安全、かつ、その性質に応じて適切に管理する能力が必要となる、③資料等が提供される環境を整えることが必要となる、といった要請を充たさなければならない。

しかし、とりわけ保管する主体が研究者個人の場合、研究者が過大な債務を負担することで、知的資源に対して強制執行を受けたり、破産する可能性があ

---

4) 医薬品や化学物質等の試験の資料については、資料保存施設を定めること、その管理責任者を置くこと、管理責任者が許可したもの以外は資料保存施設に立ち入ることができないこと等が定められている場合もあるが（たとえば「医薬品の安全性に関する非臨床試験の実施の基準に関する省令」（平成9年3月26日厚生省令第21号）、農林水産省「農薬の毒性及び残留性に関する試験の適正実施について」（最終改正 平成24年2月2日）〈http://www.acis.famic.go.jp/GLP/〉、厚生労働省・経済産業省・環境省「新規化学物質等に係る試験を実施する試験施設に関する基準について」（平成23年3月31日）〈http://www.env.go.jp/chemi/kagaku/hourei/02-tsuuchi-glpkijun.pdf〉等）、管理につき厳密な規制がなされている資料等は限られる。

り、あるいは、研究者が死亡したときに相続争いの渦中で、貴重な知的資源が散逸する可能性もある。このように、保管する主体が個人である場合、永続性という要請が充たされないことから、主体としては法人、しかも強制執行や破産の可能性が低い、あるいは、これらの影響を受けない法人であることが望ましいといえる。

　また、とりわけ研究機関で研究者自身のイニシアチブによって行われる研究については、同様の研究に携わる者の間における情報の共有が十分でなかったり、あるいは、研究者の異動等の際に情報の引継ぎが十全に行われないことで、それまでの研究の成果が散逸し、研究の成果が後に引き継がれず、研究が継続できなくなるという問題が生じ得るのであり、この点からも、保管する主体を研究者個人にしておくことは、問題を残すことになる。

　さらに、大学等の研究機関の破綻や統廃合によって、当該研究機関に帰属していた知的資源が適切に管理されなくなり、散逸する可能性も否定できず、知的資源を、研究機関の破綻や統廃合から隔離された環境で保管する必要性もある。

　そして、資料等を適法に提供するためには、知的資源の所有権や知的財産権との抵触を避けなければならないが、権利の帰属や利用関係についての疑義を残さず、資料等の提供を受ける研究者や企業が、安心して提供を受けることができる環境を整える必要もある。加えて、知的資源の所有権や知的財産権を1つの機関に帰属させることができれば、商業的にも活用しやすくなる。

　そこで、研究主体の変動にもかかわらず、確実に研究を継続し、情報が散逸しないようにするためには、知的財産権、情報、研究開発に関するマテリアルといった知的資源が、永続性があり、安全かつ適切に知的資源を管理することができる、信頼できる第三者によって管理され、必要な研究者や企業によって利用（アクセス）可能な状態を維持しなければならないということができる。

　そして、このような信頼できる第三者に、自らが保有する知的資源を管理してもらいたいというインセンティブを、知的資源を保有する者に与える仕組みも必要となる。

　ところで、同様の目的を指向している組織として、農業分野に関わる遺伝資

源についての保存・活用を行っている「農業生物資源ジーンバンク」があることから、参考のために以下に紹介しておくことにする。

2 「農業生物資源ジーンバンク」[5]

(1) 「農業生物資源ジーンバンク」とは

「農業生物資源ジーンバンク」（以下「ジーンバンク」という）は、農業分野に関わる遺伝資源について、探索収集、特性評価、保存、配布および情報公開を行う組織である。[6]

遺伝資源は、一度失ってしまうと二度と取り戻すことができない。このことは、過去にないスピードで絶滅種が増大している現代において、深刻な問題としてとらえるべきであり、遺伝資源を、国家の、そして人類の未来へ残すべき貴重な宝物、遺産ととらえ、大切に保存・保全・利活用していくことが必要となる。

(2) ジーンバンクの沿革

わが国における遺伝資源（植物、動物、微生物）の導入・保存・評価研究は、もともとは個々の研究者がばらばらに行っていた。

しかし、その戦略的重要性から1985年に、「農林水産省ジーンバンク事業実

---

5) 農業生物資源ジーンバンク〈http://www.gene.affrc.go.jp/index_j.php〉、独立行政法人農業生物資源研究所〈http://www.nias.affrc.go.jp/〉、農林水産省〈http://www.s.affrc.go.jp/docs/report/report25/no25_p4.htm〉を参照。

6) 遺伝資源という言葉は、生物のもつ多様な遺伝子が農作物の改良等に価値をもつことから資源として認識されるようになり、生じた言葉である。遺伝資源は、人類が長い歴史の中で収集・獲得してきた財産であり、地球環境保護に利用する際には間接的な価値をもち、また、生物を農産物や医薬品目的の素材として活用する際には直接的な価値をもつことになる。遺伝資源の最大の特徴は、多様性があることである。多様な遺伝資源は次世代の品種育成に欠かせないものであるが、とくに近年のバイオテクノロジー技術の急速な進歩によって遺伝資源の利用範囲は広がっており、多様な遺伝資源の収集・保存が重要となっている。その反面で、近代農業の進展により、数少ない特定の改良種が広く普及し、地域の環境に適応した在来の遺伝資源は急速に失われ、また、熱帯林の減少、砂漠化等による環境悪化により、貴重な遺伝資源の多様性が失われつつある。そして、現時点で利用価値を見いだせない遺伝資源であっても、将来、科学技術が進展した場合に、重要な価値を生み出す可能性を秘めている。

施要綱」等が定められ、全国的なネットワークを有する「農林水産省ジーンバンク事業」がスタートした。1986年には農業生物資源研究所（現：独立行政法人農業生物資源研究所）内に遺伝資源センターを設立し、植物・動物・微生物部門のセンターバンク機能を果たすことになった。さらに、1993年にはゲノム研究の加速のためにDNA部門（DNAバンク）を追加した。その後、2001年には、農業生物資源研究所の独立行政法人化に伴い、事業名が「農業生物資源ジーンバンク事業」に改称された。

(3) ジーンバンクの組織

ジーンバンクは、(独)農業生物資源研究所をセンターバンク、(独)農業・食品産業技術総合研究機構、(独)農業環境技術研究所、(独)国際農林水産業研究センター、(独)種苗管理センター、(独)家畜改良センターをサブバンクと位置づけ、連携して運営している。

センターバンクは、遺伝学や生理学等の専門知識をもった研究者による、植物、動物、微生物の遺伝資源およびDNAの国内外からの収集、分類、同定、特性評価、増殖、種子や精子等の保存、配布および情報の管理提供に係る事業を実施し、サブバンクは、センターバンクからの委託を受け、センターバンクで実施できない事業について、ジーンバンク事業の補完を行っている。

(4) 事業の概要

ジーンバンク事業の概要は以下のとおりである。独立行政法人農業生物資源研究所は、独立行政法人農業生物資源研究所農業生物資源ジーンバンク事業実施規程（以下「事業実施規程」という）を定め、ジーンバンク事業の実施について規定している。さらに、事業実施規程は、ジーンバンク事業の実施に必要な事項は、別に定めると規定し（事業実施規程6条）、これを受けて、独立行政法人農業生物資源研究所農業生物資源ジーンバンク事業生物遺伝資源管理規程（以下「管理規程」という）が定められている。

(i) 探索収集

生物はその進化の過程で多くの変異を蓄積することで多様化したが、変異の

ある生物を探し出し、収集することを探索といい、海外の遺伝資源を国内に受け入れることを導入という。

ジーンバンク事業においては、植物・動物・微生物遺伝資源を国内で積極的に探索収集するとともに、国外の研究機関と協力しつつ、国外にある植物遺伝資源の探索・導入にも力を入れている。

また、ジーンバンクでは、ジーンバンク事業の趣旨に同意する国内外の人から遺伝資源を受け入れている[7]。

(ii) **分類・同定・特性評価**

広く栽培される作物であれば、作物名がわからないということはないが、海外での野生種の探索・調査では、種の同定が難しい場合がある。そのような場合には、わが国に導入後、特性評価のための栽培をして、同定を行うことになる。そして、作物遺伝資源を品種改良等に利用する場合には、その種なり品種なりの特性がわかっていることが重要であり、この意味で、遺伝資源の特性評価とそのデータが蓄積されていることが重要となる。ジーンバンク事業では、センターバンクと日本各地のサブバンクがその専門ごとに遺伝資源の特性評価を行い、特性情報をデータベース化している[8]。

(iii) **保 存**

ジーンバンクにおいては、遺伝資源を、生物活性を維持した状態で、災害や不慮の事故に備えて複数箇所に分散する等、安全性確保に留意しつつ保存し、常に提供できるよう配慮している。また、遺伝資源の配布が迅速に行えるよう、配布用と長期保存用に分け、材料に応じた安全な方法で保存を行っている[9]。

(iv) **配布・情報提供**

ジーンバンク事業では、配布可能な遺伝資源は、ジーンバンクのウェブサイトで公開し、研究、品種改良、教育の目的に随時配布を行っている。また、ジ

---

7) 収集・受入の対象とする生物遺伝資源は、ジーンバンク事業の趣旨への同意を原則としなければならない（管理規程3条）。
8) 保存する生物遺伝資源は、登録番号を付し、種類、品名、来歴、特性情報、保存数量等を記録整理の上、原則として公開するものとする（同規程5条）。
9) 収集・受入を行った生物遺伝資源は、適正に増殖・保存し、維持管理に努めなければならない（同規程4条）。

ーンバンクでは、遺伝資源の来歴、特性評価、在庫管理および増殖・配布に関する膨大なデータを登録・管理するため遺伝資源データベースを構築し、ウェブサイトで公開している[10]。

3　ジーンバンクの有用性と限界

　ジーンバンクは、法律の規定に基づいて設立された独立行政法人が、生物遺伝資源を収集、保存、情報提供、配布等を行う組織である。このような組織・仕組みを構築・維持することで、人類の共有財産とでもいうべき生物遺伝資源を確実かつ安定的に管理することができる。また、遺伝資源データベースが公開され、あるいは、試験研究または教育用として生物遺伝資源が配布されることにより、教育研究に寄与することになる。そして、農業生物資源研究所では、ジーンバンク事業で配布した生物遺伝資源が災害等により滅失し、試験研究等が継続できない場合には、無償で再配布するとしており、信頼できる第三者が貴重な知的資源を管理することの有用性を認識させられる。

　持続可能な研究開発を支えるための仕組みにおいては、信頼できる第三者が知的資源を管理し、必要な研究者や企業によってアクセス可能な状態が維持されなければならないが、生物遺伝資源についてはジーンバンク事業におけるセンターバンクである(独)農業生物資源研究所および各サブバンクが、その第三者に対応する役割を果たしているものとして参考になる[11]。

　もっとも、ジーンバンクの運営主体である独立行政法人といえども、強制執行を受けたり、破産する可能性が全くないというわけではない。

　すなわち、独立行政法人通則法は、独立行政法人に対する、主務大臣や評価

---

10)　生物遺伝資源の配布は、試験研究または教育用として行い、原則として有料とするものとしているが、一定の場合については、無償で配布できる（同規程6条）。無償で配布できる場合として、業務を委託した機関に所属する者からの、当該委託業務の用に供するための配布申込（同規程6条3項1号）、海外配布先のうち公的機関およびそれに準じる機関からの配布申込（同項3号）、遺伝資源をジーンバンク事業へ提供した者からの配布申込（同項4号）、高等学校以下からの教育用に供するための配布申込（同項6号）等が列挙されている。
11)　その他、(独)国立環境研究所は、環境標準物質、微生物保存株、実験水生生物の収集・保存・分譲を行っている〈http://www.nies.go.jp/〉。

委員会による監督に関する規定や（独立行政法人通則法29条ないし35条ほか）、無理な借入や投資を防止しようとする規定を設けているが（同法45条、47条）、これにより債務不履行または債務超過もしくは支払不能に陥る可能性が消えるわけではない。また、独立行政法人についても、法人格を有するからには、立法政策による特別の規定がない以上、破産能力を認めるべきであると解されており、現に、立法政策に基づいて特別の法人について破産能力を否定している例は、現行法制下では見当たらない。したがって、理論的には、農業生物遺伝資源についても、強制執行や破産のリスクを回避することができる仕組みのなかで管理することが望ましいとはいえるが、実際には、そこまでの手当は不要であろう。

4　信託の枠組みを利用した知的資源管理の可能性

　このように、農業生物遺伝資源の収集、保存、情報提供、配布等については、ジーンバンクが用意されているが、長期的な保存や活用が必要となる知的資源は農業生物遺伝資源に限られない。現時点では、多くの知的資源について、ジーンバンク等に対応する公的な機関が存在しないことから、民間の機関の活用が望まれるところであり、そのための法的な枠組みを構築する必要がある。

　民間の機関を知的資源の長期的な保存や活用の担い手として活用するにあたっては、わが国の現行法を前提とすれば、以下にみるような独自の機能を有する信託の枠組みを利用することを検討すべきである。

　すなわち、信託の機能の分類については諸説あるが、一説によれば、①信託財産を長期間にわたって委託者の意思の下に拘束する機能である「財産の長期的管理機能」、②不特定多数の委託者から拠出された信託財産を一括的に管理・運用する機能である「財産の集団的管理機能」、③信託財産を委託者や受託者の倒産リスクから守る機能である「倒産隔離機能」があるとされている[13][14]。

　持続可能な研究開発を支えるための仕組みにおいては、信頼できる第三者が

---

12)　伊藤眞『破産法・民事再生法〔第2版〕』（有斐閣・2009）61頁、伊藤眞ほか『条解　破産法』（弘文堂・2010）220頁参照。

知的資源を管理し、必要な研究者や企業によってアクセス可能な状態が維持されなければならないが、①信託の「財産の長期的管理機能」によって、信託事務遂行義務（法29条1項）、善管注意義務（同条2項）、忠実義務（法30条ないし32条）、分別管理義務（法34条）等の厳格な義務を負う受託者が知的資源を管理することで、世代を超えた研究開発のために知的資源を活かすことを希望する研究者や研究機関の意思に基づいた知的資源の保管・活用が可能となり、②「財産の集団的管理機能」によって、個々の研究者や研究機関が個別に管理している知的資源を集約することで、より広汎かつ高度な研究に資する可能性が生まれ、③「倒産隔離機能」によって、委託者となる研究者や研究機関、あるいは、受託者となる研究機関等の倒産リスクから、重要な知的資源を保護することが可能となるのであり、信託の枠組みを利用することには、十分な理由があるといえる。[15]

具体的な検討は後述するが、たとえば、ある研究者が取り組んでいる研究が、当該研究者が自ら作成したデータ、自ら保有するマテリアル・知的財産権によって成り立っている場合には、研究者を委託者、研究機関を受託者、研究者を（場合によっては研究機関も）受益者とするスキームが考えられる。

しかし、たとえば、ある研究者が取り組んでいる研究が、研究者が保有しているマテリアルと、研究機関が保有しているマテリアルが一体となって成り立っている場合には、研究者は自らが保有するマテリアルを研究機関に信託譲渡

---

13) 新井誠『信託法〔第3版〕』（有斐閣・2008）85頁は、民法上の財産管理制度では実現できない信託の機能を「転換機能」と呼び、これを、「財産の長期的管理機能」、「財産の集団的管理機能」、「倒産隔離機能」、および、公益信託の場合の「私益財産から公益財産への転換機能」に分類している。

14) その他、代表的な分類として、四宮和夫『信託法〔新版〕』（有斐閣・1989）14頁は、信託の「転換機能」（信託は、他人に事務処理をさせるという形で、「形式的な財産権帰属者」＝「管理権者」と、「実質的利益享受者」を分裂させながら、利益享受者のために《財産の安全地帯》となることができる。かような信託の特性を利用することによって、信託は、財産権ないし財産権者についての状況を、実質的に失うことなくして、財産権者のさまざまな目的追求に応じた形に転換することを可能とする）を、権利者についての転換である、「権利者の属性の転換」と「権利者の数の転換」に分類し、財産権についての転換である、「財産権享益の時間的転換」と「財産権の性状の転換」に分類している。

15) 「情報」や「情報群」も信託財産となり得ると解すべきである（第5章Ⅰ参照）。

することで委託者となり、研究機関は自らのマテリアルを自己信託し、研究者と研究機関が受益者となるスキームが考えられる[16]。

また、同じ事例で、研究者と研究機関を委託者兼受益者、第三者である信託会社を受託者とするスキームも考えられる。公益信託を設定することも考えられる[17]。

そして、信託の仕組みを利用するにあたっては、受託者に知的資源を集約するために、委託者になろうとする者に対して、知的資源を受託者に信託譲渡しようというインセンティブを与えなければならないが、このためには受益権の内容を工夫する必要があろう[18]。

III 信託法上の課題

大学、大学以外の公的な研究機関、民間の研究機関等が行っている研究開発に必要となる資料、試料、生体、情報、実験機材等（以下「研究素材等」という）、および、研究開発の過程あるいは研究開発の成果として得られる技術、情報、実験データ等（以下「研究成果物」という）について、これらを散逸させることなく適切かつ確実に管理し、また、研究開発に従事する者が必要な範囲でこれらを利用できるようにして、社会にとって有益な研究開発の継続性および持続可能性を確保し維持するための法的な枠組みをどのように構築していくのか、が課題である。

---

16) 自己信託の設定は、公正証書その他所定の書面または電磁的記録によらなければならず手続が煩雑であるし（法3条3号）、自己信託の委託者兼受託者が受益者を兼ねることは禁止されていないが、その状態が1年間継続したときは信託が終了してしまうという難点がある（法163条2号）。

17) 公益信託とは、法258条の受益者の定めのない信託のうち、「学術、技芸、慈善、祭祀、宗教其ノ他公益ヲ目的トスルモノ」であり、主務官庁の許可を受けたものである（公益信託ニ関スル法律1条）。

18) ジーンバンク事業においては、遺伝資源をジーンバンク事業へ提供した者に対して、遺伝資源を同等点数まで無料配布できるとされているが、受益権の内容を定めるにあたっても、このような工夫を検討する必要があろう。

1 信託の有用性

(1) 研究開発の継続性および持続可能性を阻害する要因

研究開発には、少なくとも、研究開発に従事する個人（以下「研究者」という）と、大学、公的な研究機関、民間の研究機関等の研究者が所属する組織（以下「研究機関」という）が関与することになる。

しかし、研究者は、所属する研究機関の異動により、従来所属した研究機関に置かれた研究素材等を利用した研究開発ができなくなったり、かかる研究素材等の利用に不便が生じることや、死亡その他の理由による研究開発能力の喪失により、従来の研究開発を継続することができなくなることがあり得る。

また、研究機関も、統廃合、破綻により組織そのものが存続しなくなることや、経営上の理由による特定分野の研究開発からの撤退等を原因として、従来の研究開発が継続されなくなる可能性がある。

このような個々の研究者や研究機関に発生する事情をきっかけとして、当該研究者や研究機関が従来行っていた研究開発に係る研究素材等や研究成果物を利用するための権限の帰属が不明確な状態に置かれることや、当該研究素材等および研究成果物が散逸または毀損することにより、当該研究素材等および研究成果物を利用することができなくなれば、その後の研究開発の進展に悪影響を及ぼし、また、従来の研究開発の成果が失われることになり、個々の研究者や研究機関のみならず、社会全体にとっても大きな損失となる。

そこで、個々の研究者の異動や死亡等、研究機関の統廃合、破綻、経営方針の変更等による影響を受けない者により、研究素材等および研究成果物が適切かつ確実に管理され、当該研究素材等および研究成果物を自らの研究開発のために必要とする者が適切に利用することができる枠組みを構築することが、研究開発の継続性および持続可能性の確保および維持のために資すると考えられる。

(2) 信託の特徴

信託では、受託者が信託財産の帰属主体となりつつ、受託者および受益者に

よる信託財産の管理処分は信託目的および信託行為により制約され、受託者には善管注意義務（法29条2項本文。ただし、信託行為による軽減は可能（同条2項但書））および受益者に対する忠実義務（法30条）その他の義務が課され、受益者による受託者の行為の差止請求が認められる（法44条）等、信託財産の適切な管理を確保するための諸制度が設けられている。

また、信託では、受託者は信託財産に属する財産と固有財産および他の信託の信託財産に属する財産とを分別して管理する義務を負っており（法34条）、また、受託者の債権者による信託財産に対する強制執行が原則として禁止され（法23条）、受託者について破産手続開始決定、再生手続開始決定、更生手続開始決定といった法的倒産手続開始の決定があった場合であっても、信託財産は、破産財団、再生債務者財産、更生会社財産に属することはない（法25条）等、信託財産は法的に受託者から独立した財産として取り扱われており、委託者、受益者、受託者の変動や各当事者の状況等の変化による影響を極力受けることなく、かつ、信託財産が確実に管理されることを確保するための諸制度が設けられている。

さらに、信託契約その他の信託行為の規定により、受益者の範囲等について多様な信託を創設することが可能となっていることから、研究開発のように多様な関係者が存在する分野における法律関係を調整する法制度として利用可能なものである。

以上のような特長を有する信託は、前述の研究開発の継続性および持続可能性の確保および維持のための枠組みとしての利用可能性を有していると考えられる。

しかし、かかる枠組みとして信託を利用することを検討するにあたっては、信託法上、理論的に解決すべき問題があると考えられる。以下では、かかる理論的な問題について検討する。

2 信託財産としての適格性

信託法上、信託の対象たる信託財産となり得るものは「財産」とされている（法2条1項）が、研究素材等や研究成果物には、所有権の対象となる物や特許

権その他の知的財産権といった「財産」であることについて疑義のないもののみならず、所有権や知的財産権の対象とならない情報が含まれ得る。

そこで、かかる情報が信託財産たり得るのか、が問題となる。

かかる問題点は、第2章において検討された医療情報とも共通するものであるが、研究素材等や研究成果物に含まれる情報は、多くの場合、特定の研究開発の目的のために収集、整理、体系化された情報であることが想定されることから、当該情報は、第2章でも検討された「情報群」としてとらえ、信託財産たり得ることを認めることもできると考えられる。

なお、「情報群」が信託財産たり得る点については、第5章Ⅰでの詳細な検討を参照していただきたい。

3 研究素材等および研究成果物は「誰のもの」か（委託者は誰か）

信託法上、委託者は「特定の者に対し財産の譲渡、担保権の設定その他の財産の処分をする」（法3条1号・2号）者であるから、信託財産は委託者が「処分」することができるものである必要があると解される。

しかし、研究素材等や研究成果物については、「処分」の権限の帰属が明確でない場合があり得る。たとえば、大学の予算で購入した実験機材や試料等で消耗品扱いとされたものは個々の研究者の所有物であるかのように扱われているものの、法的な意味での所有権が当該研究者と当該大学のいずれに帰属するかが明確でない場合や、複数の研究者による共同の研究開発の成果物のように当該成果物に係る「処分」の権限の帰属が明確でない場合等である。

このように信託財産とすることが望ましい研究素材等や研究成果物について「処分」権限を有する者が明確でない場合に、当該信託財産に係る信託の委託者となる者は誰か、が問題となり得る。

(1) 所有権の帰属が明確でない研究素材等について

上に例示した大学の予算で購入した実験機材や試料等で消耗品扱いされたもののように、研究者と当該研究者の所属する研究機関のいずれに所有権が帰属するのかが明確でない研究素材等については、研究機関は、研究素材等を特定

の研究開発に利用することを目的として購入するであろうが、そのようにして購入された研究素材等は、研究開発の目的に向けて管理処分されなければ購入した意味が失われることになる。

そうであるとすれば、研究開発の目的に反しない限り、研究開発に現に従事する研究者が研究素材等を「処分」することについて、研究機関は黙示の同意を与えており、研究者にかかる「処分」の権限が帰属していると認めることもできると考えられる。

そして、研究開発の継続性および持続可能性の確保および維持を目的とする信託に研究素材等を組み込むことは、研究開発の目的に反することにはならないと考えられることから、研究者は、研究素材等を信託に組み込むことに関する「処分」の権限を有し、かかる信託の委託者となり得ると考えられる。

また、万が一、研究者が死亡した場合等においても、研究素材等を信託する必要性は生じると考えられる。かかる場合には、研究素材等について当該研究者に認められた「処分」の権限は、当該研究者に一身専属的なものとみることが適切と考えられることから相続の対象とはならず、当該研究者の研究開発を継続し得る立場にある所属研究機関に帰属し、当該研究機関が委託者となり得ると整理することもできると考えられる。

なお、現在の信託法を前提とする限り、委託者の概念と財産の「処分」の権限の帰属を完全に切り離して考えることは難しいものの、研究開発の継続性および持続可能性の確保および維持を目的とする信託における委託者に求められる「処分」の権限については、所有権や知的財産権という概念の枠にとらわれることなく、その目的に即して柔軟にとらえてもよいと考えられる。

(2) 共同の研究開発の成果物について

先に例示した複数の研究者による共同の研究開発の成果物については、もしそれが特許権その他の知的財産権を構成するものである場合には、特許法その他の当該知的財産権について定める法律に従い処理することになる。

この点、特許権であれば、共同発明の場合、特許を受ける権利は共有となり、他の共有者と共同でなければ特許出願ができず（特許法38条）、他の共有者の同

意を得なければその共有持分の譲渡もできない（同法33条3項）ことになる。また、著作権においても、共同著作物に係る著作者人格権は著作者全員の合意によらなければ行使できず（著作権法64条1項）、共同著作物に係る著作財産権も共同著作者全員の共有に属し、その共有持分の譲渡、質権の設定については他の共有者の同意が必要であり（同法65条1項）、共有著作権は共有者全員の合意によらなければ行使できない（同条2項）ことになる。

　しかし、現在の特許法における共同発明に関する解釈および規定や、著作権法における共同著作物に関する解釈および規定について、研究開発の継続性および持続可能性の確保および維持という視点により、重点を置いた再検討を行うことも考えられる。

　たとえば、共有者に持分の買取請求権を認めること等は、他の共有者の利益を不当に害することなく当該共有者の利益保護を実現することにつながるのみならず、研究開発の継続性および持続可能性の確保および維持という社会全体の利益にも資することが期待され、かかる法改正が検討されてよいとも考えられる。

　また、特許権その他の知的財産権を構成するにいたらない研究成果物について、前述の特許法や著作権法のアナロジーでとらえると、共同研究者の共有に属し、その処分には共有者全員の同意が必要ということになりそうである。

　しかし、特許法や著作権法における解釈および規定の内容を、知的財産権にいたらない研究成果物にそのまま当てはめなければならない理由はなく、かかる研究成果物については、知的財産権を構成する研究成果物とは異なる取扱いの可能性が検討されてよいと考えられる。

　そこで、共同の研究開発の目的に反しない限り、共同研究者は互いに知的財産権を構成するにいたらない研究成果物を他の共同研究者が「処分」することについての黙示の同意を与えており、研究開発の継続性および持続可能性の確保および維持を目的とする信託に当該研究成果物を組み込むことは、共同の研究開発の目的に反しないという法律構成も可能であると考えられる。

　また、法制度として、共同研究者による他の共同研究者に対する共有持分の買取請求権を認めることも考えられる。

さらには、より端的に、各共同研究者に研究開発の継続性および持続可能性の確保および維持のための信託の委託者としての地位を認めることもできるのではないだろうか。

なお、共同研究者の間で契約を締結して、当該契約の中で共同の研究開発に係る研究成果物の「処分」の権限の帰属が明確にされれば、前述の問題点の多くは回避できるとも思われるが、研究開発の社会的な意義や社会全体の利益に鑑みると、個別の共同研究者の自主的な対応がなされていない場合における解決策を検討することは有意義であると考える。

4 研究開発に係る信託において利益を受けるべき者（受益者）は誰か

研究開発の継続性および持続可能性の確保および維持を目的とする信託においては、研究素材等や研究成果物にアクセスできる権利を受益権の内容とし、かかる権利を有する者を受益者とすることが想定される。

研究開発の継続性および持続可能性の確保および維持を目的とする信託においては、当該信託に係る信託財産となる研究素材等や研究成果物を研究開発のために最大限活用するという観点から、研究素材等や研究成果物を利用したいと考える研究者のうち、できる限り広い範囲の者に対して研究素材等や研究成果物へのアクセスを認めることが有益であると考えられる。

また、研究者が国公立大学のような公的な研究機関に所属する場合、その研究機関の公器としての役割を果たすべく、当該研究機関が保有する研究素材等や研究成果物は、国民全体に広く共有されることが求められる。

他方で、たとえば、特許権その他の知的財産権による保護が受けられない段階の研究開発の途上の研究成果物に対して、当該研究開発に従事する研究者以外の第三者による無制限なアクセスを認めた場合、研究開発へのインセンティブを喪失させる懸念があり、また、研究開発の対象分野によっては、投下資金の回収が確保できないことを危惧して、研究開発に要する資金の調達に支障が生じる懸念もある。もしこれらの懸念が現実のものとなった場合、かえって研究開発の進展を阻害する結果を招きかねない。

そこで、受益者とすべき者の範囲が問題となり得る。

研究開発の主体となる研究者や研究機関の多様性、研究開発の対象や分野の多様性、研究開発に関与する者（資金提供者を含む）やその関与の形態の多様性等があるため、網羅的な検討は困難であり、個別の研究開発に即した十分な検討とはいえないが、以下では、1つの方向性を示すことを試みたい。

(1) 受益者となることが想定される者とは

　研究開発の継続性および持続可能性の確保および維持を目的とする信託の受益者となることが想定される者としては、委託者となる研究者または研究機関、委託者となる研究者が所属する研究機関、前記の研究者以外の研究者、前記の研究機関以外の研究機関、アクセスを希望する民間企業が考えられる。

　信託財産となる研究素材等や研究成果物を、研究開発のために最大限活用するという観点からすれば、できる限り広い範囲の者を受益者とすることが望ましい。

　他方、前述したような研究開発へのインセンティブの確保や研究開発資金の調達等の面を考慮すれば、受益者の範囲を制限する必要があると思われる。

(2) 研究素材等や研究成果物の性質について

　研究素材等や研究成果物については、その性質や分野等において極めて多様なものが含まれるため、網羅的、画一的な分類は不可能と思われることから、以下に掲げる例について検討することで、1つの考え方を示したい。

　まず、歴史的、民俗的資料といった研究素材等については、特定の研究者や研究機関による独占的な利用を認めるべきではない場合が多く、社会に広く共有させるべきことが考えられる。

　また、特許権その他の知的財産権を構成しない研究成果物や、将来的に特許権その他の知的財産権を構成することが想定されない研究成果物（研究開発の途上のものを含む）、および、当該研究成果物に係る研究開発のための研究素材等についても、現在または将来において特定の研究者や研究機関による独占的な権利の対象となることが想定されないことから、当該特定の研究者や研究機関の利益よりも社会全体における研究開発の進展という利益を優先させて、社

会に広く共有させることが考えられる。

　他方、将来的に特許権その他の知的財産権を構成することが想定される研究成果物（研究開発の途上の技術やデータを含む）等は、当然に社会に共有させた場合には、将来的に特定の研究者や研究機関が取得できる独占的な権利の確保を困難にし、前述したような研究開発へのインセンティブの確保や研究開発資金の調達等の面での支障を生じることが懸念されるため、社会において広く共有させることを強制することは問題があると考えられる。

(3) 委託者たる研究者の所属する研究機関の性質について

　研究開発の主体となる研究者が所属する研究機関の性質により、当該研究機関が保有する研究素材等や研究成果物を社会において共有させる適否、また共有させる場合の範囲が異なってくることも考えられる。

　まず、研究機関が国公立大学である場合には、社会における存在意義、公器としての役割に鑑み、原則として、その保有する研究素材等や研究成果物は社会に共有されることが望ましいと考えられる。また、研究機関が大学以外の公的な研究機関である場合も同様のことがいえる。

　研究機関が私立大学である場合には、経営主体が民間であっても公共性が要求されること（私立学校法1条参照）から、その保有する研究素材等や研究成果物は社会に共有されることが望ましいと考えられる。もっとも、国公立大学と比較してその経営上の利益や判断を考慮すべき度合いは高いと考えられることから、委託者たる所属研究者や私立大学の判断により、第三者がアクセスできる研究素材等や研究成果物を限定することや、アクセスできる第三者の範囲を限定することを認めてもよいと考えられる。

　研究機関が民間の研究機関（私立大学を除く）である場合には、その研究開発は基本的には営利事業として行っているものである以上、そのために調達した研究素材等や営利事業たる研究開発の結果としての研究成果物を社会に広く共有させることを強制することは、研究開発へのインセンティブを喪失させ、結果的に、民間レベルでの研究開発への参画や進展を阻害することになりかねない。そこで、原則として、当該研究機関の判断による第三者がアクセスでき

る研究素材等および研究成果物の範囲やアクセスできる第三者の範囲の限定を認めることが考えられる。

なお、研究開発が大学と民間の研究機関（私立大学を除く）の共同で行われる場合もあるが、そのような場合、公共性を有する大学が関与する以上は、前述した大学が研究機関である場合と同様に扱うべきとも思われる。しかしながら、研究開発の対象が高度な技術、多額の資金、多数の専門的な人材を要するものである場合、民間の資金力、技術力、人材を有効に活用することが不可欠であり、民間の研究開発への積極的な参画を促すべく、前述した研究機関が民間の研究機関（私立大学を除く）である場合と同様の仕組みをとることが必要となる場合も少なからずあると考えられる。

(4) 受益者の範囲

研究開発の継続性および持続可能性の確保および維持を目的とする信託においては、(2)と(3)で検討した研究素材等や研究成果物の性質と委託者たる研究者の所属する研究機関の性質との相関関係により、受益者の範囲を定めることが考えられる。

(ⅰ) アクセスの対象が、歴史的、民俗的資料といった研究素材等社会に共有されるべきものであり、委託者となる研究者または研究機関が、国公立大学またはその他の公的な研究機関である場合には、委託者となる研究者または研究機関、委託者となる研究者が所属する研究機関にとどまらず、前記の研究者以外の研究者、前記の研究機関以外の研究機関を排除することを認めるべきではないからすべて受益者とすべきであり、また、アクセスを希望する民間企業を受益者とすることも認めるべきと考えられる。アクセスの対象が、特許権その他の知的財産権を構成しない研究成果物や、将来的に特許権その他の知的財産権を構成することが想定されない研究成果物（研究開発の途上のものを含む）、および、当該研究成果物に係る研究開発のための研究素材等であり、委託者となる研究者または研究機関が、国公立大学またはその他の公的な研究機関である場合も、基本的に同様に考えられる。

(ⅱ) アクセスの対象が、将来的に特許権その他の知的財産権を構成するこ

とが想定される研究成果物(研究開発の途上の技術やデータを含む)のような、社会に共有させることが必ずしも適切でないものである場合には、委託者となる研究者または研究機関が、国公立大学またはその他の公的な研究機関であっても、原則としては、委託者となる研究者または研究機関、委託者となる研究者が所属する研究機関にとどまらず、前記の研究者以外の研究者、前記の研究機関以外の研究機関もすべて受益者とし、アクセスを希望する民間企業にも受益者となる途を開いた上で、不適切な者に限って受益者から除外する仕組みをとることが考えられる。

(iii) アクセスの対象が、歴史的、民俗的資料といった研究素材等社会に共有されるべきものであり、委託者となる研究者または研究機関が私立大学である場合には、その対象の性質と私立大学の公共性を重視し、国公立大学等と同様に、委託者となる研究者または研究機関、委託者となる研究者が所属する研究機関にとどまらず、前記の研究者以外の研究者、前記の研究機関以外の研究機関をすべて受益者とすべきであり、また、アクセスを希望する民間企業を受益者とすることも認めるべきと考えられる。アクセスの対象が、特許権その他の知的財産権を構成しない研究成果物や、将来的に特許権その他の知的財産権を構成することが想定されない研究成果物(研究開発の途上のものを含む)、および、当該研究成果物に係る研究開発のための研究素材等であり、委託者となる研究者または研究機関が私立大学である場合も、基本的に同様に考えられる。

(iv) アクセスの対象が、将来的に特許権その他の知的財産権を構成することが想定される研究成果物(研究開発の途上の技術やデータを含む)等の社会に共有させることが必ずしも適切でないものである場合で、委託者となる研究者または研究機関が私立大学であるときには、①委託者となる研究者または研究機関、委託者となる研究者が所属する研究機関にとどまらず、前記の研究者以外の研究者、前記の研究機関以外の研究機関もすべて受益者とし、アクセスを希望する民間企業にも受益者となる途を開いた上で、不適切な者に限って受益者から除外する仕組みとするか、②委託者となる研究者または研究機関、委託者となる研究者が所属する研究機関を受益者とし、前記の研究者以外の研究者、前記の研究機関以外の研究機関、アクセスを希望する民間企業にアクセスをさ

せるか否かは、委託者となる研究者または研究機関の選択に委ねるとするか、いずれかが考えられる。

(v) アクセスの対象が、歴史的、民俗的資料といった研究素材等社会に共有されるべきものであり、委託者となる研究者または研究機関が民間の研究機関（私立大学を除く）である場合については、現実的に当該研究機関がこのような研究素材等を保有するケースは多くないと思われるものの、研究素材等の性質に鑑み、前述の公的な研究機関や私立大学と同様の範囲の者を受益者とすべきと考えられる。

(vi) アクセスの対象が、特許権その他の知的財産権を構成しない研究成果物や、将来的に特許権その他の知的財産権を構成することが想定されない研究成果物（研究開発の途上のものを含む）、および、当該研究成果物に係る研究開発のための研究素材等であり、委託者となる研究者または研究機関が民間の研究機関（私立大学を除く）である場合には、前述の公的な研究機関や私立大学とは異なり、公共性の低さ、本来的に営利事業であること等に鑑み、委託者となる研究者または研究機関、委託者となる研究者が所属する研究機関を受益者とし、前記の研究者以外の研究者、前記の研究機関以外の研究機関、アクセスを希望する民間企業にアクセスをさせるか否かは、委託者となる研究者または研究機関の選択に委ねるとするか、少なくとも、委託者が望まない者を受益者から除外できる仕組みを設けることが望ましいと考えられる。

(vii) アクセスの対象が、将来的に特許権その他の知的財産権を構成することが想定される研究成果物（研究開発の途上の技術やデータを含む）等の社会に共有させることが必ずしも適切でないものである場合で、委託者となる研究者または研究機関が民間の研究機関（私立大学を除く）であるときは、委託者となる研究者または研究機関、委託者となる研究者が所属する研究機関を受益者とし、前記の研究者以外の研究者、前記の研究機関以外の研究機関、アクセスを希望する民間企業にアクセスをさせるか否かは、委託者となる研究者または研究機関の選択に委ねる仕組みが望ましいと考えられる。

5 受託者たり得る者

　研究開発の継続性および持続可能性の確保および維持のための信託の受託者たり得る者については、各研究機関が自己信託（法3条3号）を設定することによっても、その目的は一定程度実現できると考えられる。

　しかし、各研究機関がかかる信託について、個別に制度設計をすると、個別の信託の間の統一性が図れず利便性が低下することが考えられ、また、各研究機関のみの判断で個別の信託の内容の変更が可能であれば、社会制度としての安定性も図られないことになりかねない。

　そこで、社会制度としての研究開発の継続性および持続可能性の確保および維持のための信託の利便性や安定性の観点からは、共通の者を受託者とする信託とすることが望ましい。

　では、かかる共通の受託者たり得る者としての適格性を有する者とはどのような者か。

　研究開発の継続性および持続可能性の確保および維持のための信託が社会制度として適切に維持および運用されるためには、公正さ、公平性、透明性は不可欠であろう。

　したがって、公正さや公平な運用が担保された者により構成される第三者機関を置き、かかる第三者機関を受託者とすることが適切であると考えられる。なお、かかる第三者機関における「第三者」の意義については、大学が研究開発の重要な拠点となる以上、日本国憲法上保障された学問の自由（憲法23条）にも配慮すべきであり、国家からの独立性も重要な要素となると考えられる。

第4章
住環境の持続可能性を支えるための課題と信託

I 住環境の保全を巡る問題

住環境の保全は生活および社会に大きな影響があります。[1]

私達の日々の生活の重要な営みとして、家族の維持・再生産があります。家庭を持ち、子をなし、育て、成長した子がさらに次の家族を形成する。社会の基礎を形作っています。

住まいは、家族が生活し子供を育成する重要な場であり、良好な住環境を維持することは、持続的な生活の営みに重要な意味をもちます。

住環境は、地域的な広がりと時間的な継続性をもって維持される必要があります。

現在の日本においては、住居、すなわち、土地・建物は私有財産であり、個人の自由な処分が認められています。土地・建物は、不動産として、自由主義

---

[1] 〈主な参考文献〉 この章は、多くを以下の文献に拠っています。引用をする場合には、以下の略記によります。

新井・信託法	新井誠『信託法〔第3版〕』（有斐閣・2008）
鈴木・コンメンタール	鈴木正具=大串淳子編集・新井誠監修『コンメンタール信託法』（ぎょうせい・2008）
小出・信託業法	小出卓哉『逐条解説 信託業法』（清文社・2008）
三菱・法務と実務	三菱UFJ信託銀行編著『信託の法務と実務〔5訂版〕』（金融財政事情研究会・2008）
四宮・信託法	四宮和夫『信託法〔新版〕』（有斐閣・1989）
環境法入門	畠山武道=大塚直=北村喜宣『環境法入門〔第3版〕』（日本経済新聞出版社・2007）
社会インフラ	第一東京弁護士会司法研究委員会編『社会インフラとしての新しい信託』（弘文堂・2010）

市場経済の下、商取引の対象となっており、重要な「商品」として、投資もしくは投機の対象ともなります。その権利主体は変動することが予定されているのです。そして、所有者は、自由にその所有物を使用、収益および処分することができます（民法206条）。所有者が、従前と同じようにその所有する土地・建物を使用するとは限らず、全く異なった使い方をしても、誰も文句をいうことはできません。相続により、全く考え方の違う相続人が承継して所有者になった場合にも同様の状況が生じます。

　一方、住環境は、近隣との空間的な連続性のなかで形成されます。居住環境は、隣地の建物の建築の仕方や利用の仕方によって、日照、通風、景観等が大きく変動して影響を受けます。たとえば、居住地としては「緑が多い」ところが好まれる傾向にありますが、緑が多いといわれる地域の「緑」は、通常、その多くが庭の樹木です。住環境は他者の所有物に大きく依存する部分が多いともいえます。屋敷林と呼ばれる、個人所有地にある林の存続は、その地域の印象に与える影響が大きく、住みやすく感じるか否かなどにも大きく関わってきます。住環境という場合、一定の土地の広がりが想定されます。市町村にとどまらずより広い地域をいうこともあれば、「向こう三軒両隣」のようにより密接した地域をいうこともあります。この章で住環境という場合には、主として、このように隣接地を含めたもう少し広がりをもった地域的な環境を想定して述べていきます。

　また、住環境としての緑の保全という場合、そのままの状態を保持するとの側面がある一方で、社会・生活の変化による、その地域に居住する家族の生活上のニーズの変化に、従前と同水準で対応して変化していくとの側面もあります。これらは、微妙なバランスの上に成り立っています。いたずらに現状を墨守するのみでは、住環境の保全を図ることは困難になってきているのです。

　地域の住環境によい影響を与える屋敷林は、当該地域住民にとって「大切なもの」です。当該地域住民は屋敷林から利益を享受しています。秋に落葉が隣地に落ちていても、文句をいわずに皆で掃除をしているなどはよく目にする光景です。しかし、屋敷林の維持および管理は、その屋敷林の所有者の責任と負担によって行われています。整備のための費用も税金も所有者の負担です。屋

敷林による恩恵を受ける者と屋敷林を維持していくための負担を負う者とは、必ずしも一致しないことも多いのです。このほか、たとえば、商店街を通る市道を商店主たちが管理していたり、宗教法人が所有する神社の森が氏子社中によって整備されていたり、市道の並木の落花や落葉の多くが町内会やボーイスカウト等によって清掃されているなど、所有者ではない近隣住民らの手により整備されており、所有者と実際に日常の環境整備をして管理している者とが一致していない例は多いです。これらの所有者ではないけれども環境管理に関わっている者達の多くは、その環境の恩恵を受けている者でもあります。このような場合、所有者の意向次第で、環境の激変を甘受しなければならないとすることは不合理ともいえ、また、地域の環境の損失ともいえます。たとえば、屋敷林の存続へ向けた希望と個人の所有およびその自由な処分との調和を図る必要があり、かようなニーズは多いのです。所有者とその恩恵を受けている者との考えが一致している間に、第三者にその環境の維持のために努めるべき義務とそのための財産を託することで、住環境の変化を防ぐことは有用です。

　また、近隣住民の多数の意向に沿うことが、常に住環境の保全に役立つとは限りません。少数の意思により住環境が守られることもあります。たとえば、群馬県のある村では、ゴルフ場開発が盛んな昭和50年代半ば頃、業者がゴルフ場建設の話を持ちかけてきて、田畑耕作・果樹栽培あるいは林業を中心に生計を立てる者が多かった村に莫大なお金が落ちるとの話がありました。買収対象となった地域の地権者は40名前後。当時、住民の多くは生活スタイルの変化により現金収入を欲しており、田畑を譲り渡した者はゴルフ場で雇用するとの話もあり、多数の者が買収に賛同しましたが、土地を手放したら結局は住み続けることはできなくなると考えた買収予定地の8割を保有する少数の地権者と村長の決断で、ゴルフ場建設の話を断り、その後は、農業と観光を結びつけることを謳い、現在では後継を希望する者の比較的多い村として注目を浴びています。その当時ゴルフ場を誘致した村落の多くが惨状を呈しているのに対して、当該地域の環境は現在も維持されています。このように、少数の個人の意思により住環境が保全される場合もあります。その地域の多数の意思が妥当な判断をするとは必ずしも限らず、孫子の代まで「そこに」住み続けるためにはどう

したらよいかと真剣に考えた者の意思を固定化すべき場合もあります。世代交代による激変を避けるため、このようなケースにおいても、信託を用いることは有益です。

この章では、住環境の保全の方法の1つとして信託を用いることを提案するものです。代表的な事例として、屋敷林の保全を取り上げて検討していきます。

II 住環境を巡る近時の困難な状況

住環境の保全において、従前は重要な役割を担っていた地域コミュニティや村落共同体が少子高齢化の進行によって、その機能を果たすことができず、都心においては、誰も管理していない空き地、空き家が増加したり、農村地域でも不耕作地が増大しています。また、車社会の急激な進行で生活圏が急拡大したことにより、大型店舗に地元の買い物客を奪われた商店街の凋落など、生活スタイルの変化による影響もあります[2]。相続により、里山や農村、山間部の土地を承継しつつも、すでに都会に生活の本拠を築いている不在地主には土地の管理が困難なことから放置されがちであることと、一方で代々その地域の土地に居住している人の生活との調整も重大な問題となってきています。また、都心においても、たとえば、一定の住環境が整備された街として開発され、「タウン」として分譲された後に、各所有者の統制なき処分により、住環境が劣化することもあります。

いずれも深刻な問題です。それぞれに問題の生ずる原因は異なりますが、一定の環境を保持していくことの必要性がテーマとなっています。

III これまでに行われてきた様々な試み

従前、このような一定の住環境の保全のために、多くの立法・行政措置や、

---

[2] なお、社会インフラ115頁以下では、市街地の活性化をテーマに、まちづくりと信託について検討しました。

Ⅲ　これまでに行われてきた様々な試み

契約に基づく方策が行われてきました。たとえば、宅地の細分化防止については都市計画で定める地区計画制度や、周辺環境に不相応な建物の建設に対しては景観計画などの行政計画が大きな影響をもっています。

　目的は様々ですが、緑を守る、すなわち、自然林の維持ということでは、これまでにも、自然公園法（国立公園、国定公園）、自然環境保全法（自然環境保全地域特別地区）、森林法（水源かん養保安林、風致保安林）、都市計画法（風致地区）、景観法（景観重要建造物）、都市緑地法（緑地保全地域、特別緑地保全地区）、生産緑地法等、多くの法律が定められています。[3]それぞれの立法目的に応じて、地域を指定して伐採を禁ずることなどにより緑地の保全を図っています。これらは行政が行うものであり、比較的大規模に、一律に適用される保全の仕組みです。近時は生物多様性の保護が大切と認識され（環境基本法3条、14条）、原生林のみならず身近な里山なども保護すべき環境として考えられてきています。環境法の世界でも、広域・大規模・長期（永続的）な対処のみではなく、地域に根ざした個別の対応の必要性が認識されてきているように思われます（住環境との関係では、むしろこちらのほうが関連性が高いです）。現在では、比較的小規模で身近な緑の保全のために、所有者等個人の意思に基づく緑地保全の仕組みも必要とされてきているといえるでしょう。各自治体も、このようなニーズに対して様々な施策をしています。たとえば、世田谷トラストまちづくり（世田谷区）[4]では、「財団法人世田谷トラストまちづくり」が主体となって、「世田谷区において、区民主体による良好な環境の形成および参加・連携・協働のまちづくりを推進し支援することにより、自然環境や歴史的・文化的環境を保全した美しい風景のあるまちの実現、安全に安心して活き活きと住み続けられる共生のまちの創出、居住環境を魅力的に守り育む活動とコミュニティの形成に

3）　なお、ここでは、環境保全のみを目的とするものでなく、たとえば、森林法や河川法のように、目的は異なりますが、その施策が環境に大きな影響を与える法律も一例として掲げています。環境法入門135頁以下。交告尚史＝前田陽一＝臼杵知史＝黒川哲志『環境法入門〔補訂版〕』（有斐閣・2007）16-50頁、168-169頁、179-182頁、188-192頁。

4）　世田谷区のウェブサイト〈http://www.city.setagaya.tokyo.jp/030/d00004910.html〉、財団法人世田谷トラストまちづくりのウェブサイト〈http://www.setagayatm.or.jp/〉参照。

寄与すること」を目的とし、様々な施策を実施しています。そのなかに、市民緑地制度および小さな森制度があります。市民緑地制度[5]は、土地所有者との間で市民緑地契約を締結して、緑地を保全・公開するものです。土地所有者にとっては、地方公共団体あるいは緑地管理機構が緑地の管理を行うことにより管理負担が軽減されるとともに、契約期間が20年以上の場合、相続課税対象となる市民緑地契約をした土地の評価を軽減したり、一定の場合には固定資産税・都市計画税の減免をするなど、様々な税制上の優遇措置が設けられています。これらの諸施策には、それぞれに一定の要件が定められており、そこから外れた場合にはその施策を用いることはできません。しかし、要件から外れる地域・環境についても保全の必要性はあります。たとえば、前述の市民緑地制度では300平方メートル以上が必要な要件として定められています。しかし、それよりも小さな林でも、地域環境に寄与することが可能ですし、実際に求められています。そこで、世田谷トラストでは、「小さな森制度[6]」を設けています。これは、50平方メートル以上の小規模の森林について3年以上の短期の契約でも可能なもので、税制上の優遇はないものです。この小さな森制度も、世田谷区内の緑地の保全と区民が緑に接する場の確保に非常に役立っています。

　いずれの方策も、それぞれに有効と思われます。ただ、行政の施策においては、一定の要件を具備することが必要です。要件を具えていても、行政庁の行動を待たなければなりません。

　また、NPO法人などに屋敷林を寄附するなどして、その緑地を委ねたとしても、当該NPO法人が永続するものなのか、活動を継続し続けるのか、などに不安を感じる場合もありましょう。永続的で目的による制限があるとしても、解散時期を拘束することなどはできません。特に、緑の所有者側は、保全活動に理解を示しつつも、自らが運動に加わって活動するようなことは考えていないことも多いでしょう。また、公益法人については、監督官庁による監督がありますが、公益法人改革により、監督官庁の監督の余地が著しく縮小化して

5）　〈http://www.setagayatm.or.jp/trust/green/cgs_system/index.html〉
6）　〈http://www.setagayatm.or.jp/trust/green/og_system/index.html〉

いる現在、結局は、運営に人を得るかどうかの問題に帰着します。

　ここで、行政の関与を待たず、その所有財産を地域の緑地として役立てたいとの所有者の意思に基づいて、その利用を一定期間において実現し、他の用途への転用を防ぐ方策が求められているといえましょう。信託は、このニーズに応えるに適した制度であると思われます。当初から契約で拘束でき、分別管理され、個別の財産の帰趨についても契約（信託行為）によって定めることができます。所有者からすると財産の帰趨についてある程度予測することができ、心理的な抵抗感が少ないなどのメリットもあります。

　信託は、個人の意思に基づき、能動的に行為することにより成立することから、信託による参加は、より個別的な行為となります。行政型のその地域に居住しているから適用される、といったものではありません。その意味では、より近接した地域・関係を有する場合になじみやすいといえます。

IV　信託を利用して簡易なスキームで屋敷林の保全を行うことができる

　屋敷林などの緑地の保全の方策として、様々な試みがなされてきましたが、信託のもつ以下のような機能に着目して、信託を利用することにより、行政の施策あるいは法人を設立せずとも、簡便に同様な制度を立ち上げることができます。

　一般に、信託は、財産権者の財産管理力、経済的信用力、自然人性等を転換する機能[7]、あるいは、財産権の帰属主体が複数である場合、これを単一主体としたり調整者を創り出したりする機能[8]があるといわれ[9]、信託財産を長期間にわたって委託者の意思の下に拘束する機能[10]を有するとされています[11][12]。個人の財産

7）　権利者の属性の転換機能。財産権者の財産管理力、経済的信用力、自然人性等を転換する機能です。法人のような永続性をもたらす機能です。

8）　権利者の数の転換機能。財産権の帰属主体が複数である場合、これを単一主体としたり、調整者を創り出したりする機能、あるいは、単一の権利者を複数にして財産を分散する機能です。前者は法人代用化機能を含んでいます。

9）　新井・信託法82頁以下、四宮・信託法14頁以下。

について、法人のような永続性をもたせつつ、その利用方法を契約により拘束することができます。

　信託を用いることにより個人の恣意的な処分から特定の財産を分離して、処分権者（委託者）の意思に基づいて、一定の目的にのみ利用される財産を創設することができます。特に個人の意思を一定期間凍結する機能は、住環境など一定の環境保全に用い得るものとして注視すべきです。すなわち、委託者の意思を信託行為により恒定化する機能を用いるのです。

10) 財産の長期的管理機能。信託財産を長期間にわたって委託者の意思の下に拘束する機能です。財産の長期的管理機能は、さらに、①信託設定当時における委託者の意思を委託者の意思能力の喪失や死亡という主観的事情（個人的事情）の変化に抗して、長期間にわたって維持するという機能（意思凍結機能）、②委託者によって設定された信託目的を長期間固定しつつ、その信託目的に則って、信託受益権を受益者に連続して帰属させる機能（受益者連続機能）、③受託者が幅広い裁量権を行使して、信託事務の処理を行う機能（受託者裁量機能）、④終局的には当該信託の元本ならびに収益を受益者に対して帰属させること（利益分配機能）に細分化することができるとされています（新井・信託法85頁以下）。屋敷林の保全との関係では、所有者は委託者にして受益者あるいは受益者的立場になり、上記のうちでも、特に意思凍結機能および受益者連続機能を発揮することが期待されると思われます。
11) 新井・信託法85頁以下。
12) その他にも信託の機能として、以下のような機能が指摘されています。
・財産権享受主体の時間的転換機能。財産権の利益享受の時点を未来に延期させる機能です。生命保険信託や年金信託などが想定されます。
・財産権の性状の転換機能。既存の財産権がもっている性状を別のものに転換したり、あるいは、財産権の債務を含む包括財産権へと転換させる機能です。財産権の債権化、流動化、証券化などです。
・財産の集団的管理機能。複数委託者の信託財産に対する一括的な管理・運用をする機能です。
・私益財産から公益財産への転換機能。公益信託を想定した議論がなされていますが、屋敷林の保全については、公益信託でなくとも、地域住民の公共の利益に資する信託として、この公益財産への転換の一態様として考えてもよいのではないかと考えます。
・倒産隔離機能。信託財産は委託者の財産から切り離されます。また、受託者の固有財産とも分別管理され、受託者の債権者は強制執行できません（法23条1項）。その意味で、信託財産は、委託者あるいは受託者の倒産から隔離されています。

V 屋敷林の保全のスキームの検討

具体例として、屋敷林の保全のスキームを検討してみましょう。

1 屋敷林の信託

屋敷林を公開して保存したいとの意思を有する所有者がいた場合、屋敷林を信託財産として受託者に財産を移転します。所有者は委託者となります。信託の設定の仕方によっては受益者となることもあるでしょう。受託者は、委託者（所有者）が信託行為（信託設定契約）にて定めた信託目的に従って、信託財産としての屋敷林を管理します。信託目的は屋敷林の保全および公開が基本となりますが、後述するように、その利用形態に応じてさらに目的を追加することもできます。いったん信託した財産は信託行為の定めにより信託目的に従って管理され、委託者の財産から切り離されます。したがって、信託期間中に委託者が死亡しても、委託者の相続人が信託財産を自由に処分することはできません[13]。また、受託者の固有財産とも分別管理され、受託者に対する債権に基づいて信託財産に強制執行することは原則としてできません。委託した屋敷林が適正に信託目的に従って管理等されているかを監督するために、信託の種類や状況に応じて信託管理人（法123条ないし130条）[14]あるいは信託監督人（法131条ないし137条）[15]などを置くこともできます[16]。

---

[13] 一般に、遺言信託以外の信託に関しては、委託者の相続人は、委託者の地位を相続により承継すると解されています（法147条反対解釈）。新井・信託法199頁。

[14] 信託管理人は、受益者が現に存しない場合に置くことができます（法123条1項）。目的信託や公益信託での利用が想定されます。なお、遺言信託の方法で目的信託を設定する場合には、信託管理人を指定する定めを置かなければならないとされています（法258条4項）。信託管理人には、広汎な権限が認められていて（法125条1項本文）、善良なる管理者の注意義務をもって権限行使をしなければならない（法126条1項）とされています。屋敷林の保全のための信託の設定にあたっては、弁護士に信託管理人あるいは信託監督人に就任してもらい、受託者の監督をしていくことも一考すべきでしょう。

[15] 信託監督人は、受益者が現に存する場合に指定することができます（法131条）。受益者による監督を十分に期待できないような場合に極めて有用な制度です。

2 信託の形態

どのような信託を設定するかは、どのように管理していくかの選択とも密接に関わってきます。

(1) 目的信託

受益者のない信託として、目的信託を構成することが考えられます。

目的信託は、受益者のない信託で公益信託でないものをいいます。信託目的に従って信託財産を管理するのみで、特定の受益者を想定していません。屋敷林の公開により利益を享受するのは不特定の地域住民などが想定されていますので、目的信託が最も実態に沿いやすいと考えられます。[17]

具体的には、屋敷林の所有者が、屋敷林の保全・管理・公開を目的として目的信託を設定します。

受託者は、土地の管理および運用を行います。実際の植栽管理は、専門の植栽管理会社との間で業務委託契約を締結して行うことになるでしょう。そのための費用を支弁するために、信託財産として、屋敷林のみならず、一定の資金が必要となります。そこで、土地所有者のみではなく、屋敷林の公開により利益を受ける地域住民から広く寄附を募ったり、自治体等の助成を求めたりして、資金を集めて基金として信託財産に組み入れ、その運用益を植栽管理の費用に充てるなどの工夫をすべきです。

信託財産の管理は受託者に委ねられますが、長期間にわたり管理が適正に行われるか監視するために、信託管理人を設置すべきでしょう。[18]

---

[16] 構成員が変わることを理由に受益者が不特定であるような場合には、受益者代理人（法138条ないし144条）なども検討することもあり得るでしょう。

[17] 信託法改正当時、パブリックコメントにおいて指摘された、目的信託を用いるべき類型の1つとして、地域住民が、共同で信託を設定し、当該地域社会における高齢者の介護、子育ての支援、地域のパトロール等の非営利活動に充てる場合などが議論されていました（寺本昌広『逐条解説　新しい信託法〔補訂版〕』（商事法務・2008）448頁）。受益者としてではないけれども、将来にわたり何らかの利益を受けるものを想定することができ、信託目的が必ずしも公益とはいい得ないタイプです（鈴木・コンメンタール576頁）。

このように、屋敷林の保全・管理・公開を目的とした信託の設定により、信託された特定の土地を緑地として保全し公開して地域の利用に供することが可能となります。

目的信託の設定にも検討すべき課題があります。

まず、目的信託の信託期間は最長20年です（法259条）。20年よりも長期の信託期間を定めても、20年を超える部分については無効となります[19]。この点、NPO法人などに活動期間の制限がないことから、NPO法人に財産を移転する方法のほうがよいのではないか、との議論もあります。しかし、NPO法人に財産を移転してしまった後は、当該法人の運営にすべてを委ねることになりますが、それを良しとしない所有者も多いと思われます。目的信託によれば、最長20年間は信託行為によるしばりをかけることができます。少なくとも、そのままに放置していて突然に所有者の死亡により相続が開始されて、当該地域生活と関係のないあるいは乏しい人の意思にその土地の帰趨が委ねられるという最も困難な事態が生ずるおそれを避けることができます。また、信託設定後の社会情勢や地域の環境の変化もあるでしょう。20年目に一度見直しが入ることも、必ずしも不当なことではないように思われます。また、信託としてはいったん清算されますが、新たに信託を設定することは可能です。信託行為により、信託終了に際しての信託財産の処理方法を定めておき、同種あるいは類似の信託を設定あるいは合併をすることも可能と解されます。工夫の余地はまだまだありそうです。

目的信託を用いる場合の最も深刻な課題は、税制と思われます。現行の税制では、信託設定時に、重い課税負担がかかるおそれがあります[20]。今後の検討課題です[21]。

---

18) この信託管理人には、公益的な目的のために中立性を保って任務を遂行することが求められます。弁護士等に就任してもらうことも、その選択肢の1つです。

19) 一部無効。鈴木・コンメンタール586頁。

20) 信託税制は大きく変動しており、税制の詳細については税理士に確認する必要があります。なお、信託段階法人課税として、信託段階において受託者を納税義務者として法人税等が課税されることがあると解されます（水野忠恒『租税法〔第5版〕』（有斐閣・2011年）298-302頁、326-330頁、348-363頁。特に360頁の一覧表参照）。

(2) 公益信託

公益信託とは、「公益信託ニ関スル法律」（以下「公益信託法」と略称します）に基づき、受益者の定めのない信託のうち、学術、技芸、慈善、祭祀、宗教、その他公益を目的とするもので、主務官庁の許可を得たものです（公益信託法1条および2条）。公益信託には税制上の優遇措置があります。ただ、公益信託の公益認定基準については、公益法人改革のなかで変動の渦中にあり、必ずしも明確とはいえません。

(3) 受益者ある信託

たとえば、屋敷林を一般に開放することについて事業を興して管理費用を賄いつつ、受益者を定めて、運用益の配当をするなどの形式を用いることもあるでしょう。そのような場合には、受益者ある信託を用いることも1つの方法です。入場料をとるような場合だけでなく、一般に開放しながら敷地のなかで一定の収益事業（売店・レストランなど）を営むような場合もあり得るでしょう。受託者自身が行わずとも、業務を委託することもあるでしょう。また、近隣住民を対象に出資を募って、信託財産の一部を組成して、受益権者になってもらうことなどもあり得るでしょう。

受益権者を定める信託においては、受益権者が死亡して相続が発生することを想定しなければなりません。現行の信託法では、受益権者には相当程度の権限が認められており、受益権者の意向は信託の前途に強い影響を及ぼすおそれがあります。そこで、信託行為の定めにより、受益者の死亡を条件として次の受益者が受益権を取得する信託（法91条。いわゆる後継遺贈型の受益者連続の信託）の利用も考えるべきです。当初信託財産として土地を信託し、受益者が死亡した場合には、あらかじめ、次の受益者を指定していくことにより、委託者が信託を設定した当初の趣旨に反する意向を有する受益者の登場を防止するこ

---

21) 前述の世田谷トラストの市民緑地制度では、相続税、固定資産税などの優遇措置が設けられていました。今後、このような公益的な目的を信託目的として設定される目的信託についても、税制上の優遇措置が検討されるべきです。

22) 三菱・法務と実務137頁以下、鈴木・コンメンタール294頁以下。

とに用いることも検討できるでしょう。ただし、信託期間については、信託設定の時から30年を経過した時以後は、新たな受益者が受益権を取得することができるのは1回のみとなります。[23]

3 受託者

受託者の業務としては、主に屋敷林の管理および管理費用を捻出するために必要な資金の運用などがあります。

屋敷林の管理のみであれば、植栽管理会社に業務委託をして、実際に行うのは専ら監視的な業務になるでしょう。このような業務であれば、弁護士など、一定の法律知識と事務管理能力を有する者に受託することも可能でしょう。管理費用を捻出するために信託財産の運用も行う場合には、信託銀行等でないと困難と思われます。ただし、管理費用の支出の仕方も信託行為の定め方により様々な方法が考えられます。たとえば、目的信託を設定した場合においても、当初信託財産に一定の額の資金を組み込み、最長20年間の管理費用として、毎年少しずつ取り崩していくように設定することも可能で、このような場合には、必ずしも運用をする必要はなくなります。

4 弁護士は受託者となり得るか

そもそも、信託業法との関係で、弁護士は受託者となり得るのか、も問題となります。この問題の詳細は、第5章Ⅳに譲ります。若干コメントするならば、弁護士は、破産管財人や相続財産管理人など、従前から、他人の財産を管理することを、その主な業務の1つとしています。信託業務、特に受託者の裁量が極めて限定的な信託の引受けを行う、いわゆる管理信託業については十分にこれを行うことができるでしょう。その際に適用されるべき規制についても、信託業法上の義務をすべて課す必要はなく、弁護士法上の規制などにより実効的に規律できる領域については、信託業法上の規制をそのままに適用する必要

---

23) 委託者は孫の世代までは配慮することができ、全体の有効期間としては100年程度にとどまるのが相当との配慮によるとされています（鈴木・コンメンタール295頁）。

はないというべきです。弁護士が受託者となった場合に遵守すべき規制の解釈について、ガイドライン的なものを早急に確立するべきです。

VI 信託は多様なニーズに対応でき、住環境の保全に用いるのに適している

信託は、特定の財産を、所有者の意思に基づいて、個人の恣意的な処分から引き離して、一定の目的に従って用いることを、第三者に託する制度といえます。また、ある財産権の享有主体を単一化したり複数化したりして結びつける機能を有しています。しかも、信託行為により、様々な制度設計が可能です。様々な事情を抱えた多数の利害関係人の調整を図り、一定の空間的・時間的な広がりのなかで環境保全をしなければならない住環境の保全に用いるに適した法制度であるといえます。

第 5 章

持続可能な社会を支えるための信託とその課題

I 信託の対象（信託財産）とは？

1 信託法上の信託の対象（信託財産）の要件

(1) 問題点

　信託法において、①「信託」とは、法 3 条各号に定めるいずれかの方法により、特定の者が一定の目的（専らその者の利益を図る目的を除く）に従い財産の管理または処分およびその他の当該目的の達成のために必要な行為をすべきものとすることをいう（法 2 条 1 項）。また、②「信託財産」とは、受託者に属する財産であって、信託により管理または処分をすべき一切の財産をいう（同条 3 項）。

　このように、信託法において、信託の対象は「財産」とされている。そこで、情報を信託の対象とすることができるか否かを検討するにあたっては、信託法における「財産」の意義が問題となる。

(2) 従来の議論

　信託法の立案担当者の解説によれば、信託の対象について、旧信託法 1 条は「財産権」と規定していたのに対して、信託法は、単に「財産」と規定しているところ、かかる改正は、信託の対象となるためには、①具体的な名称で呼ばれるほどに成熟した権利である必要はなく、②金銭的価値に見積もることができる積極財産であり、かつ、③委託者の財産から分離することが可能であるものであればすべて含まれるとの趣旨を明らかにしたものであるとされている[1]。

　これらの指摘のうち、「具体的な名称で呼ばれるほどに成熟した権利である

必要はない」との点は、信託法の改正の過程において新たに加えられた議論と考えられる。これに対して、「金銭的価値に見積もることができる積極財産であること」および「委託者の財産から分離することが可能であること」を要するとの点は、旧信託法の下で「信託財産の有効要件」として議論されていたものが、そのまま信託法下に承継されているものといえる。すなわち、旧信託法の下では、信託財産の有効要件として、①金銭に見積もることができ、かつ、積極財産でなければならないこと、②移転その他の処分により、委託者の財産から分離することが可能でなければならないこと、(さらに、これらに加えて、信託財産の有効要件として、③当該財産権が、存在し得べく、かつ特定し得べきこと)を要件とする見解が有力であった。さらに、かかる旧信託法下の考え方が、信託法の下においても基本的には維持されているとの指摘もなされているところである。[3]

以上の議論を踏まえると、信託法上の信託の対象たる「財産」といえるためには、①金銭的価値に見積もることができ、かつ、積極財産であること、②委託者の財産から分離することが可能であること、および、(信託法の立案担当者は明示的に指摘はしていないものの)③存在し得べく、かつ特定し得べきことの3点を要するとの考え方が、従前の伝統的な議論に沿った見解ということができよう。

(3) 検　討

(i) 金銭的価値に見積もることができ、かつ、積極財産であること

以上の要件のうち、「金銭的価値に見積もることができ、かつ、積極財産であること」という要件については、信託の対象が「財産権」とされていた旧信託法の下では、その文言から導き出される解釈として妥当と思われるものの、[4]

---

1)　寺本昌広『逐条解説　新しい信託法〔補訂版〕』(商事法務・2008) 32頁、村松秀樹「新信託法の解説」信託230号 (2007) 60頁、67頁。
2)　四宮和夫『信託法〔新版〕』(有斐閣・1989) 132-141頁。
3)　新井誠『信託法〔第3版〕』(有斐閣・2008) 324-328頁。
4)　「財産権」であるがゆえに「積極財産」である必要があるとする議論を行うものとして、中野正俊『信託法講義』(酒井書店・2005) 74頁参照。

信託の対象が「財産権」から「財産」に改められた信託法の下において、必然的にそのまま妥当するものか疑問がある。この点に関し、学説上は、債務もまた信託財産たり得るとの見解から、消極財産も含むべきとの批判があるが、かかる批判も、信託財産として消極財産のみで足りると考えているわけではなく、積極財産と消極財産を含んだ包括財産が信託の対象となり得るということを指摘するにとどまる趣旨とみられる[5]。そして、これらの学説が、信託の対象が金銭的価値に見積もることができ、かつ、積極財産であることを要する（または、積極財産と消極財産を含んだ包括財産であることを要する）と解する実質的な根拠は、明言はされていないものの、信託という制度が、受託者による信託の対象の管理、利用、処分等の行為を通じて受益者に経済的利益を与えるための制度であるとの点に存すると思われる（すなわち、専ら消極財産のみをもって信託財産たり得るとすると、およそ受益者に経済的利益を与えることができないとの考え方が背景にあると思われる）。しかしながら、そもそも信託によって実現される受益者の利益を経済的利益に限定する必然性はないのであって、むしろ、経済的利益以外の事実上の効用であってもよいはずである。このような観点からは、信託の対象が、「金銭的価値に見積もることができ、かつ、積極財産であること」という要件は不要であり、「受益者に対する何らかの効用を実現し得ること」をもって足りると考えられる[6]。

(ii) 委託者の財産から分離することが可能であること

委託者の財産から分離可能であることが信託財産の有効要件とされている理由について直接に議論したものは学説上見当たらないが、そもそも信託という制度が、①受益者のために財産の管理を受託者に委託し（委任の側面）、②そのような目的を達成するために財産を受託者に移転する（財産の移転の側面）、という制度であるとの理解に基づき、委託者の財産から分離することができない（換言すると、受託者に移転することができない）財産は、上記②の点を充足する

---

5) 能見善久「新信託法の意義と課題」信託230号（2007）19頁、23頁、新井・前掲注3）164-167頁等。
6) 根拠は明らかではないものの、信託法の下における信託財産は経済的価値により算定可能か否かを問わないとする見解として、星野豊『信託法』（信山社・2011）44頁。

ことができず、信託財産たり得ないとする考え方が背景にあると思われる。[7]

もっとも、「委託者の財産からの分離」は、信託の対象が財産権であった旧信託法の下では、通常、財産権の移転という形で充足されることになるが、特に信託の対象が財産とされている現行の信託法の下では、「委託者の財産からの分離」を充足する方法は、財産権の移転という形式に限定される必要はないと思われる。

2 情報は信託財産たり得るか

以上述べてきたことを前提に、情報が信託財産たり得るか、以下各要件を順に検討する。

(1) 金銭的価値に見積もることができ、かつ、積極財産であること

情報について、一般に積極的な金銭的価値を認めることは十分可能である。たとえば、有料でデータベースへのアクセスを提供するサービスは、現実に数多く存在し利用されている。データベースのように一定の基準の下に選別収集された情報は、情報の取捨選択、集積、分類、検索機能といった要素が付加されれば、そのことによって金銭的価値も高まると考えられるが、情報それ自体についても、一般に入手可能な公開された情報でない限り、積極的な金銭的価値が認められ得るであろう。

この点を医療情報についてみれば、それがデータベース化されれば積極的な金銭的価値が認められることはもちろん、個々の医療情報それ自体をとってみても、一般に入手可能な公開された情報でなく、積極的な金銭的価値が認められ得ると考える。[8]

---

7) 四宮・前掲注2)90頁参照。
8) もっとも、医療情報についていえば、これに積極的な金銭的価値を認めることは、医療情報を売買の対象とすることにも帰結し得る点で、倫理的な問題を生ずるようにも思われる。しかしながら、上記のとおり、医療情報について、事実として「積極的な金銭的価値が認められる」ということと、医療情報の売買を認めるか否かという問題とは、そもそも次元を異にする（さらにいえば、前者は事実の問題であり、後者は規範の問題である）。医療情報の売買を認めるべきではないということであれば、それを直接に禁止すれば足りると考えられる。

もっとも、上記1で述べたとおり、そもそも、信託法下の「財産」の要件として「金銭的価値に見積もることができ、かつ、積極財産であること」という要件が必要かは疑問があり、「受益者に対する何らかの効用を実現し得ること」で足りると思われる。医療情報が「受益者に対する何らかの効用を実現し得ること」との要件を充たし得ることは自明であるといえよう。

(2)　委託者の財産から分離することが可能であること

　情報の集合物のうち、電子計算機により検索できるように体系的に構成されており、その情報の選択または体系的な構成によって創作性を有するものは、データベースの著作物（著作権法12条の2第1項）として保護されるので、著作権という当該情報に関する財産権を観念することができる。このような場合には、当該財産権の移転という形で、当該情報を委託者の財産から分離することが可能であり、「委託者の財産から分離することが可能であること」との要件を充足すると考えられる。

　さらに、具体的な財産権を観念することができない情報についても、当該情報に対するアクセス権や、当該情報を不正に利用された場合の損害賠償請求権等、当該情報の管理、利用、処分等に関する権限を委託者から分離して受託者に帰属させることが可能な限り、「委託者の財産から分離することが可能であること」との要件を充足すると考えられる。

　この点を医療情報についてみれば、委託者と受託者の間の契約によって、医療情報に対するアクセス権や、当該情報を不正に利用された場合の損害賠償請求権等、当該情報の管理、利用、処分等に関する権限を委託者から分離することは可能であり、「委託者の財産から分離することが可能であること」との要件を充足すると考えられる。

(3)　存在し得べく、かつ特定し得べきこと

　情報が「存在し得べきこと」との要件を充足し得ることはいうまでもない。また、情報は、その内容および取得の条件等の属性により特定することができる。

たとえば、医療情報であれば、「患者Aの○日付から○日付までの期間の診療録」というような形式で特定できる。

3 結 論

以上のことから、信託の対象に関する伝統的な見解に沿って検討しても、情報、とりわけ具体的に管理されている情報群（医療情報を含む）は、十分に信託財産たり得ると思われる。

もっとも、情報が信託財産たり得るかという問題は、これまでの信託法に関する学説において、十分な議論がなされていない点であり、実務上、法的安定性をもって情報の信託を行うためには、さらに議論を経て、信託法の解釈として情報が信託の対象たり得ることが学説上明らかにされ、あるいは、立法的な解決が与えられることが望ましい。

II 信託であることの公示方法

1 はじめに

　登記または登録の制度がない財産については、受託者の一般財産から分別管理され、特定性をもって保管されていれば、信託の公示なくして当該財産が信託財産であることを第三者に対抗できると解されている[1]。もっとも、紛争を回避するためには、それが信託財産に属することについて、公示に類する手段を講ずることができれば、それに越したことはない[2]。たとえば、一般社団法人日本音楽著作権協会（JASRAC）に信託譲渡された音楽著作権（著作権等管理事業法2条1項1号参照）については、通例、信託の登録がなされていないものの、それが信託財産に属することが一般的に明らかであるから、おそらくは、JASRACの債権者が、それを引当てとすることは認められないであろうと予想される（法22条、23条、25条[3]）。

　しかるに、現在において、大学の研究室で保管されたり、医療機関で保管されたり、電気通信事業者のサーバーで保管されたりしている情報群については、そもそも、誰が管理したり処分したりする権限を有しているのかについて、外観上明確とはいいがたいし、現時点においてそれなりに管理を行っていると思

---

1) 最判平成14年1月17日民集56巻1号20頁。
2) 信託財産を第三者に対抗する場面としては、受託者の債権者による差押え、受託者の破産等に際し、信託財産の独立性を主張する場合（法23条、25条等）のほか、受託者による信託財産についての権限外行為を取り消し、その回復を図る場合（法27条）が考えられる。
3) 韓国の楽曲について著作権の信託譲渡を受けたと主張する原告が、いわゆる通信カラオケ事業者である被告に対し、著作権（複製権、公衆送信権）侵害に基づく損害賠償請求または不当利得返還請求を求めた事案（東京地判平成22年2月10日平成16年（ワ）18443号）では、「平成14年6月28日から平成16年7月末日までの間は、韓国の唯一の著作権管理事業者のKOMCAとJASRACとの間の相互管理契約の締結による著作権の管理も行われておらず、そのことは周知の事実であったのであるから、被告においては、利用しようとする楽曲に関し、事前に著作権の所在等について調査検討し、著作権者から許諾を得る等して、著作権侵害の結果を防止すべき注意義務があった」とされていることに注目されたい。

しき者が情報群の管理をできなくなったとき（たとえば、大学の研究者の退職[4]、医療機関の廃止または廃業[5]、電気通信事業者の事業の停止等）に、誰が管理を引き継ぐかについて明確な想定と準備がなされているわけでもない。

このような情報について、安全のために、信頼できる第三者に対して託することが好ましいことはもちろんである。しかし、さらに、それがあくまでも信頼に基づいて管理を託されたものであることを、外部に明らかにする手段をあらかじめ考えておかないと、「信頼できる第三者に託する」ことによってかえってリスクが増すのではないかという心配もある。それゆえ、公示に類する手段を講ずることを考えておくべきである。

そこで、以下では、現行法における信託の公示と対抗力についての関係を確認した上で、医療情報群、研究機関が有する情報およびその他の財産、ならびに、住環境を構成する財産群等を信託した際の対抗力について検討する。

2 現行法における信託の公示と対抗力の関係

「登記又は登録をしなければ権利の得喪及び変更を第三者に対抗することができない財産」については、信託の登記または登録をしなければ、当該財産が信託財産に属することを第三者に対抗することができない（法14条）。

したがって、不動産、航空機、自動車、その他の登記または登録によって対抗要件の具備が可能な有体財産、および振替社債、振替株式等、口座への記載

---

[4] 梅棹忠夫『メディアとしての博物館』（平凡社・1987）225-226頁には、研究者の異動後に資料の保管状況が悲惨なものとなったエピソードが示されている。

[5] 医療機関の廃止または廃業時の診療録の取扱いについては、診療録原本の患者への交付または転院先への転送の可否が問題となる。前者については、①医師法24条2項に規定される管理者の保存義務、および②病院が廃止された場合、管理者がいるときには、診療録を「病院の廃止時点における管理者が保存するのが適当」であるとされていること（「医師法24条に規定する診療録等の取り扱いについて」（1972年8月1日医発第1113号医務局長・薬務局長発福岡県知事宛通知））から原則として許されないとの指摘がなされている（大貫裕仁「病院の倒産―破産と再生」西村あさひ法律事務所事業再生ニューズレター2010年4月(2010) 2頁〈http://www.jurists.co.jp/ja/topics/docs/newsletter_201004_restructuring.pdf〉）。また、後者については、患者の同意の下、新たな担当医師に診療録の転送および当該診療録の管理について承諾を得た上で診療録原本を当該医師に転送することが妥当であると指摘されている。

または記録が権利の得喪および変更の効力発生要件である無体財産権については、信託財産であることを公示することが、対抗要件具備の方法となる。

もっとも、信託財産であることを第三者に対抗する手段は、公示が唯一ではない。「登記又は登録をしなければ権利の得喪及び変更を第三者に対抗することができない財産」以外の財産（以下「登記等不要財産」という）については、公示がなくても、信託財産であることの特定性および識別性が確保されていれば、信託財産であることを第三者に対抗できると解されている（法14条、18条）。

たとえば、動産は引渡しによって第三者対抗要件を具備できるし（民法178条）、指名債権は（譲渡に関する登記制度があるものの）、確定日付ある通知または承諾によって第三者対抗要件を具備することができる（民法467条）。このため、これらの財産は、登記等不要財産である。したがって、信託財産の特定性および識別性が確保されている限り、当該債権が信託財産に属することを、公示なくして第三者に対し主張することができる。

3　登記等不要財産の特定性および識別性

登記等不要財産については、登記または登録なくして当該財産が信託財産であることを第三者に対抗できることとなるが、信託財産に属する財産と固有財産に属する財産とを識別できなくなった場合には、各財産の共有持分が信託財産と固有財産に属するものとみなされ、当該共有持分は相等しいものと推定される（法18条1項・2項）。

なお、識別不能となる状態を可及的に防止するため、受託者には信託財産と固有財産を分別管理し、信託財産の特定性および識別性が失われないように受託事務を行うことが求められている（法34条1項）。この分別管理義務を怠り信託財産に損失を生じさせた場合には、受託者は損失塡補責任を負うものとされている（法40条1項）。

6）　受託者は、分別管理義務違反と損失との間に因果関係がないことを証明しない限り、その責任を免れることはできない（法40条4項）。
7）　もっとも、受託者の分別管理義務と信託財産の特定性および識別性は別の問題であるから、受託者が分別管理義務に違反していたとしても、信託財産の特定性および識別性に欠けると

登記等不要財産の特定性および識別性は、一義的には受託者の分別管理によって確保されると考えられるが、無体財産権はともかく、情報そのものや、常に財産の変動がある集合物等については、帳簿の作成自体が困難な場合も考えられるし、帳簿が作成されていたとしても、その証明力が弱いのではないかという懸念がある。さらに、法廷外における交渉または説得の場面を想定するならば、どれだけ説得力を持つ資料であるのか、という問題がある。

このような場合には、民間の機関による登録制度を設けることで、信託財産の特定性および識別性を確保することも考えられる。

4 医療情報群を信託した場合の対抗力

医療情報群に財産的価値を認め、当該情報が信託の対象になると解した場合、現行法上、当該財産は「登記又は登録をしなければ権利の得喪及び変更を第三者に対抗することができない財産」ではないため、登記等不要財産に該当する。したがって、その対抗力は、情報の特定性および識別性に係ってくることになる。

電子化された医療情報群が信託されたことを、どの程度まで明確にすれば、特定性および識別性が確保され、第三者に対抗できるのかについては、以下のような考え方をとり得ると思われる。

① そもそも当該情報群が「ある範囲の医療機関および／または患者に由来する医療情報群」であることが、特定性および識別性の確保であるととらえ、格別の措置は不要であるとする考え方

② 医療情報群を構成する個々の医療情報にそれぞれユニークなコードを埋め込みまたはタグ付けすることによって、当該医療情報群の特定性および識別性を確保するという考え方

③ 個々の医療情報を集積し集中的に管理する機関を新たに設立することによって、当該医療情報群の特定性および識別性を確保するという考え方

上で挙げた例は、①→②→③の順に、当該医療情報群の特定性および識別性は客観性を増し、より強固なものになると考えられる。③にいたっては、

ころがなければ、受益者は当該財産が信託財産であることを第三者に対抗できると考えられる。新井誠『信託法〔第3版〕』（有斐閣・2008）278頁参照。

JASRAC同様、ある機関に財産が信託されていることが周知の事実と評価し得るものであり、医療情報の信託が「公示」されている状態にある、と考えることもできる。

　制度論としては、③のように医療情報を受託する機関を設立する方策が、信託財産の管理として最も確実であると思われる。なお、現状でも医療情報を的確に管理するために、フォーマットの統一化がなされている分野もある。[8]このようなものは②と親和的であり、信託されたことの特定性および識別性の確保に活用できるだろう。

5　情報（群）の信託と情報記録媒体との関係

　情報自体あるいは情報群が信託の対象になると解した場合、当該情報が記録されている媒体（サーバー等）は情報とは別の財産であるから、信託財産となるわけではない。

　とはいえ、情報はそれが記録されている媒体が失われると、それとともに失われてしまうという性質を有しているから、情報を管理しその利用の運営を行う機関（以下「運営機関」という）と、当該情報を格納する媒体を管理する機関（以下「保管機関」という）が異なる場合には、保管機関が倒産したり、業務を停止したり、サーバーを差し押さえられたりすると、運営機関の能力に問題がなくても、その業務に支障をきたす可能性がある。このような場合に、どのような方策を講ずるべきかが問題となる。

　保管機関の倒産等に対しては、以下のような方策が考えられる。

① 保管機関を委託者、運営機関その他の第三者を受託者とする信託により、情報記録媒体自体を信託財産とし、情報記録媒体を保管機関の固有財産から分離する方法
② 信託財産である情報の返還あるいは消去を求める方法（この場合、譲受人が当該情報を勝手に使用、複製、消去等ができないようにする技術が必要と

---

8) たとえばCTやMRI等で撮影した医用画像については、"DICOM"（Digital Imaging and Communication in Medicine）という標準規格があり、当該規格に準拠した医用画像機器間でデータのやり取りがなされている。

思われる）

なお、情報記録媒体が差し押さえられた場合、保管機関の機能は事実上停止すると思われる。したがって、上記のような対策を講ずるとともに、バックアップ機関を確保する等により、情報の利用に支障が生じないようにすることも必要と思われる。

6 研究機関が有する情報およびその他の財産や、住環境を構成する財産群を信託することの可否、およびその対抗力

研究機関が有する情報およびその他の財産や、住環境を構成する財産群については、①登記・登録制度を有しない財産が含まれていること、②財産群の内容に異動があり、その特定性を常に把握することが困難である、といった理由から、信託財産として対抗力を得ることが困難であり、それゆえ、対抗力を得る新たな方策が強く求められるといえる。

この点に関しては、現行法における工場財団抵当等の、集合的な財産を一括して1つの財産権とみる制度が参考になると思われる。

工場財団とは、工場の所有者が工場に属する土地、建物、工作物、機械、器具等の物的設備に加え、地上権、賃借権、工業所有権等の権利を組成物件として設定される単一体であり、工場財団登記簿に登記されることによって設定される（工場抵当法9条）。登記の申請に際しては、財団の組成物件を公示するために工場財団目録を添付することとされており、目録に記載された物件は1個の財団を形成し、工場財団抵当権の効力が及ぶ。

工場財団抵当は、あくまで抵当権を設定するために考え出された法技術ではあるが、（完全な所有権なのか、優先弁済権か、の差はあるものの）所有する財産権の一部を第三者に移転させる点で信託の設定と共通するものがある。したがって、研究機関が有する情報およびその他の財産や、住環境を構成する財産群を、「有機的に結合している1個の財産」として、信託の目的とすることは法技術としては可能であると考えられる。[10]

---

9) 石井眞司＝西尾信一編『特殊担保―その理論と実務』（経済法令研究会・1986）595頁。
10) 工場財団抵当では、組成物件を追加するためには目録を修正する必要がある（選択主義）。

III 委託者たり得る者とは？

1 委託者たり得る者──総論──

(1) はじめに

本書では、ここまで、医療や研究開発、住環境の持続可能性を支えるために、信託の考え方を用いることが有用であることを説明してきた。

もっとも、それらの信託ないし信託類似のスキームにおいては、医療情報のように、管理する義務を医療機関が負っていることは明らかではあるものの、しかし、管理する権利が医療機関にあるとまでいえるのかどうかが曖昧であったり、大学内における研究開発に関わる情報や住環境のように、時として財産の管理および／または処分を行う権限を有する者と事実上の管理を行う者が異なっていたりすることがある。そのため、実際に信託の考え方を利用するにあたっては、誰が委託者たり得るのか、そもそも、委託者たり得る者とはどういう者であるのかを検討する必要がある。

(2) 信託法

信託法2条の委託者、信託、受託者についての定義（法2条4項・1項・5項）および同法3条の信託の方法等から、信託法は、委託者とは、財産を受託者に処分し、かつ、受託者に一定の目的に従い財産を管理または処分等する義務を負わせる行為をする者である、と定めていると解することができる。

もっとも、ここからは、財産を処分できる立場にある者が委託者たり得るということしかわからない。

　一方、道路交通事業財団抵当のように、一定の物件については当然に財団に帰属するとしている制度もある（当然所属主義）。組成物件の特定の仕方の一例として、機械等については種類、構造、個数または延長等を記録するものとされている（工場抵当登記規則8条）ほか、工業所有権については、権利の種類、名称、特許番号または登録番号、登録の年月日を記録するものとされている（同規則12条）。

(3) 学説

一方、学説においても、どのような者が委託者たり得るのかという問題については、ほとんど検討されてこなかったといっても過言ではないようであり[1]、財産の処分権者が委託者であるという以上の見解はないものと思われる。

(4) 小 括

以上のとおり、信託法や学説からは、委託者たり得る者とは信託される財産につき処分権を有する者であるということしかわからず、信託の考え方を利用することが適当であるように見える価値ある情報、環境、物などがありながら、その処分ということを観念しづらかったり、形式的な管理者と事実上の管理者とに齟齬がある場合には、誰が委託者たり得るのか、直ちに判断することができない。

もっとも、信託は、財産を有する者(委託者)が自己または他人(受益者)の利益のために当該財産を管理者(委託者)に管理させる制度であり、当該財産をその名義も含めて完全に移転させてしまうことに制度の大きな特徴の1つがあるということを考えると[2]、財産処分権を有する者が委託者であるという考えを維持することが穏当であろうと思われる。

したがって、誰が財産処分権を有するのかが必ずしも明確ではない本件のような場合においては、かかる考えを前提に、当該事案において、委託者となるべき者、あるいは委託者たろうとする者が如何なる権限を有しており、その権限の内容に照らして具体的な財産処分行為が許容されているのかということを検討することで、個別的に委託者たり得るのか否かを明らかにしていくほかないと思われる。

---

1) たとえば、能見善久『現代信託法』(有斐閣・2004)や新井誠『信託法〔第3版〕』(有斐閣・2008)においても、「委託者たり得る者とは?」という問題については全く言及されていない。
2) 新井・前掲注1)3頁参照。

2 委託者たり得る者―医療情報の場合―

(1) 医療情報の委託者たるべき者

① 医療情報が確実に管理される制度、利益を受けるべきものが必要な医療情報に適切にアクセスできる制度を構築することは、患者や医療機関、また医療システム全体にとって、極めて重要である。このことは、本書第2章Iにおいてすでに述べたとおりであり、また、内閣府が、全国どこでも自らの医療・健康情報を管理・活用することを可能にする「どこでも MY 病院」構想や「シームレスな地域連携医療」の実現を「新たな情報通信技術戦略」において掲げていること[3]、さらに、現実に総務省が、宮城県を中心として、複数の医療機関等が個人の医療情報を共有する「日本版健康情報活用基盤（日本版 EHR）」の実証実験の実施を検討していることを見ても明らかであろう[4]。

そして、かかる目的の実現には、医療クラウドの活用が不可欠であるが、医療クラウド管理者の破綻または機能不全の事態に対応するためには、医療クラウドの活用とともに、医療情報の医療クラウドへの提供について信託の考えを適用または応用することが有用である。

② では、医療情報の提供に信託の考えを適用または応用するにあたり、誰が医療情報の委託者になるべきであろうか。

---

3) 高度情報通信ネットワーク社会推進戦略本部「新たな情報通信技術戦略」（2010年5月11日）〈http://www.kantei.go.jp/jp/singi/it2/100511honbun.pdf〉。また、同「新たな情報通信技術戦略 工程表」（2011年8月3日改訂版）〈http://www.kantei.go.jp/jp/singi/it2/pdf/110803_koutei.pdf〉においては、「今回の震災では行政、医療、教育等地域社会を支える分野のデータが大量に失われたが、このような事態を二度と生じさせないためには、これらの公共的なサービスに関する情報のデジタル化を一層進めるとともに、クラウドコンピューティングサービスの導入等を強力に推進しバックアップの充実を図るなど社会インフラの高度化と耐災害性の向上を図ることが重要である。新たな IT 戦略の下で進めてきた電子行政（新たな「電子行政推進に関する基本方針」の策定等）や医療情報化（「どこでも MY 病院」構想、「シームレスな地域連携医療の実現」等）の取組は、まさにこのような要請に応えるものであり、今後一層推進していくことが必要である。」との指摘がなされている。

4) 「総務省3次補正予算要求 東北で日本版 EHR 施行」メディファクスダイジェスト7号（2011）1頁、「EHR は医療通信の『本丸』」メディファクスダイジェスト7号（2011）16頁以下参照。

まず考えられるのは、医療情報について最も強い利害関係を有する患者であろう。しかしながら、患者にとっては、医療情報の信託の結果である良質な医療サービスを受けること（あるいは、そのために医療情報が適切に保管されること）にこそ関心があるのであり、委託者として医療情報の信託を行うこと自体には関心などなく、むしろ、そのようなことは負担でしかないと思われる。また、医療情報を最初に情報として構成するのは患者を診療した医療機関であるから、患者が信託を行う場合には、医療機関から患者へ医療情報の管理を一度移すことも必要となる。

　医療情報の信託は、継続的に多数の患者について行われることが期待されるのであるから、多数の医療情報を取得し、それらの医療情報群を管理している医療機関が委託者となることが便宜にかなうといえるし、適切な管理が途絶えることなく継続的に行われることを担保していく、という責任の観点からも妥当である。

(2)　**医療機関が委託者となることの問題点**

　それでは、医療機関は、委託者たり得る、すなわち、医療情報を処分することができる立場にあるといえるであろうか。

　医療機関は、現実に医療情報を管理・利用している立場にはあるが、医療情報は、患者にとって極めて秘密性の高い個人情報（いわゆる、センシティブ情報）であるし、匿名化されていない限り、個人情報の保護に関する法律（以下「個人情報保護法」という）における個人情報、個人データにも該当する。[5] したがって、医療機関が患者に無断で不当に医療情報を公開したり、利用したりできるものではないことはいうまでもなく、そのような場合には不法行為になるとともに、個人情報保護法にも違反することとなろう。

　そのため、医療情報を現実に管理・利用しているという事情のみを根拠として、医療機関が全面的に医療情報を処分し得る立場にあり、どのような信託で

---

5) 厚生労働省「医療・介護関係事業者における個人情報の適切な取り扱いのためのガイドライン」（2010年9月17日改訂版）6-7頁〈http://www.mhlw.go.jp/shingi/2010/02/dl/s0202-4a.pdf〉。

あっても委託者たり得るということはできないと考えられる。

　もっとも、医療機関による医療情報の取得や管理・利用は、医療サービスを患者に提供するにあたり不可欠の行為であるから、何らかの正当な法的根拠に基づき行われているものと考えるべきである。そうであるとすれば、かかる法的根拠の内容によっては、一定の場合に医療情報を処分し得ることがあると考えられるし、その場合には委託者たり得ると解する立論も可能であろう。

　したがって、医療機関が委託者たり得るのかという問題については、当該信託において想定されている医療情報の処分の内容が、医療機関が医療情報を取得等している法的根拠に照らして許容されているのかということを、個別具体的に検討する必要がある。

(3) 医療機関による医療情報の取得等の法的根拠—医療機関と患者の関係—

(i) 診療契約という視点から

　① わが国では、少なくとも法律家の間では、医療機関による患者への医療サービスの提供は患者との診療契約という準委任契約に基づくものであるとする見解が判例・通説である[6]。そうすると、医療情報の取得や管理・利用も、医療サービスの提供に不可欠なものとして診療と一体となって行われているのであるから、診療契約に基づくものととらえることが自然であろう。

　そして、診療契約の目的は、医療サービスの提供により患者の健康を維持回復することにあると解されるから、医療機関は、かかる目的のために、目的に資する範囲で、医療情報の取得や管理・利用が許容されていると考えられる。

　本件における医療情報の処分は、かかる観点からして許されるものであろうか。

　② 本件で想定している医療情報の処分とは、医療クラウド・サービスを行う事業者の管理するデータセンタへの医療情報の移転である。

---

6) 樋口範雄『医療と法を考える—救急車と正義』(有斐閣・2007) 9頁。なお、同書では、医療者側からは、日本医事法学会において、30年以上も前からかかる見解に対する異論や疑問が述べられているとされており、日本医事法学会編『医師・患者の関係』(日本評論社・1986) [渡辺治生] 76頁等の文献が引用されている。

これは、医療情報が適切に管理および保存され、必要なときに、正確な医療情報に（担当する医師およびパラメディカル、そして時には患者本人にとって）accessible である制度の実現のために行われるものであり、第2章Ⅰ2のとおり、かかる制度は、患者の健康回復のために必要であり、そのためのものである。

　したがって、本件における医療情報処分の目的は、具体的には、(ｱ)現に患者を診療している医療機関、あるいは新たに患者を診療することになった医療機関等、access することが必要な医療機関が患者の医療情報に accessible であること、(ｲ)患者自身が自己の医療情報に accessible であること、(ｳ)患者の医療情報が不当に利用されたり流出したりすることがないこと、にあり、そのいずれの目的も最終的には、患者の健康回復のためであると整理できよう。

　③　そうであるとすれば、情報を受領する医療クラウドが十分な信頼性等を備え適切なものであることが大前提ではあるが、本件における医療情報の処分も、患者の健康の維持回復という診療契約の目的のために必要なものとして行われていると評価することができ、診療契約により許容されている行為であると考える余地も十分にあると思われる。

(ii) **信認関係という視点から**

　①　前記(i)では診療契約という視点から検討を行った。しかしながら、医療機関と患者は、対等な関係というよりは、非専門家である患者が、専門家である医療機関を信頼し、自らの生命身体のケアを委ね託すという関係にある。かかる関係性を重視すれば、両者の関係を契約関係というよりも信認関係ととらえることもできよう[7]。ことに、医療情報については、その高度の秘密性に鑑みれば、患者の医師への強い信頼を基礎として委ねられたものと見ることが適切と思われる。

　そのような立場からすれば、医療機関は、患者との信認関係に基づいて一種の受託者的立場として医療情報の管理を委ねられている存在であり、それゆえ

---

7) 樋口・前掲注6) 9頁以下、樋口範雄『入門　信託と信託法』（弘文堂・2007) 18頁等。なお、樋口範雄『フィデュシャリー［信認］の時代』（有斐閣・1999) 5頁以下も参照。

に医療情報の適切な管理、利用を行う義務を負っていると考えることもできそうである。

では、受託者的立場によって医療情報の管理を委ねられていることを根拠として、医療機関が医療情報を信託すること、すなわち、医療クラウドに対する委託者となることはできないのであろうか。

② 受託者は、委託者との信認関係を基礎として財産を委ねられるのであるから、本来、自ら信託事務の処理を行うことが原則である。しかし、社会の分業化や専門化が進んだ現代においては、信託事務の処理をすべて受託者が執行することは非効率かつ非現実的であるし、委託者としてもそのような場合にまで受託者が執行することを望んでいるとは考えがたい。

そのため、信託法も、第三者に信託事務を委託できることを前提として、28条においてその要件を類型化しており、同条2号によれば、第三者への委託に関する定めがない場合において、信託の目的に照らして相当であると認められるときには、第三者に信託事務の処理を委託することができると定められている。

したがって、再信託についても、信託の目的に照らして相当であると認められるのであれば、その旨の定めがなくとも行えるであろう。

なお、同法28条については、同条の委託は信託を含まない概念であるという見解も存在する[8]。しかしながら、この見解は、自己執行義務について28条以外による緩和も認め、「社会情勢の変化によって、当該事情のもとで、再信託することが信託財産管理の通常方法として認められるに至っているか」[9]という観点から再信託の可否を判断する見解であるから、結局、この見解からしても、信託の目的に照らして相当であれば再信託を行うことができると思われる。

③ そこで検討すると、患者が医療機関に医療情報の管理を委ねている目

---

8) 旧信託法26条についてであるが、四宮和夫『信託法〔新版〕』（有斐閣・1989）237頁。一方、大阪谷公雄「証券投資信託と再信託」『信託法の研究(上)』（信山社・1991）485頁、能見・前掲注1)118頁は、再信託にも同条が適用されるとする。
9) 道垣内弘人「保管受託者（costodian trustee）を用いた信託とその法的諸問題」金融研究21巻2号（2002）256頁。

的は、情報の管理・利用を通じて、患者自らが適切な医療サービスを享受することにあると解される。一方、本件で想定している再信託も、医療機関自身では実質的には成し得ない医療情報の長期安定的な管理と病診連携、すなわち、前記(i)②で述べた(ｱ)(ｲ)(ｳ)を充たす制度を実現し、患者に対してより充実した医療サービスを提供するために行われるものである。

このように考えると、患者にとって、医療クラウドへの再信託にセキュリティ等の問題がない（あるいは、むしろ、医療機関自身が医療情報を管理しているときよりも、問題が解決または減少する）のであれば、医療機関自身による管理にこだわる理由は乏しく、むしろ、医療クラウドへの再信託により信託の目的をさらに高度に実現できると考えられる。したがって、医療機関が医療情報の管理や処分を医療クラウドへ委ねることを信託の目的に照らして相当であると認めることも可能ではないかと思われる。

(ⅲ) 小 括

ここまで検討してきたところからすれば、医療機関が医療情報を管理・利用している根拠を診療契約とみるにせよ、また信認関係とみるにせよ、いずれにしても、医療クラウド側の問題が解消されるのであれば、医療機関は委託者たり得ると考えてよいのではなかろうか。

なお、医療機関が患者から医療情報を処分することについて同意を得た場合には、医療機関が委託者たり得ることはいうまでもないことであるから、上記は、同意を得ていない場合における委託者たり得る余地についての検討である。もっとも、診療契約の趣旨目的、あるいは医療情報を委ねた目的に照らして委託者たり得るということは、突き詰めていえば、当該状況において患者が医療情報の処分を許容していると見ることができるということにほぼ等しいとも考えられるから、結局、患者の同意が認められる場合に委託者たり得るということと結論に大きな差異は出ないと思われる。

(4) **個人情報保護法上の問題について**

① 前述のとおり、匿名化されていない限り、医療情報は、個人情報保護法上の個人データにあたると解されている。そのため、医療機関が委託者たり

得る場合も、医療情報を信託するにあたっては、個人情報保護法の適用は免れず、信託利用目的の制限（同法16条）、第三者提供の制限（同法23条）の問題をクリアする必要がある。そこで、この点について簡潔に検討する（なお、本章Ⅵ4も参照のこと）。

②　まず、利用目的の制限については、医療情報の信託は利用目的ではなく利用方法の一種であって、利用目的は従前と異なることなく一次的には医療サービスの提供に、副次的には研究活動での利用にあると考えられるから、特に新たな問題とならないと思われる。また、そもそも研究目的の場合には、通常行われている匿名化により、あるいは個人保護法50条1項本文および同項3号により、個人保護法の適用を受けない。

③　一方、第三者提供の制限については、同法23条は本人の同意を必要としている。そのため、医療機関の信託による医療情報の移転は、第三者への委託（同法22条）にあたらない限り、第三者への情報提供として患者の同意が必要となる。

この点については、信託も同法22条の委託に含まれるとも思えるが、同条に定める委託では、委託者によるその後の管理監督が予定されていることを考えると、財産の帰属が完全に移転し、原則的に信託関係から委託者が離脱するとされる信託については、同条の委託に含まれないとする考えも十分に成り立ち得るものと思われる。

しかし、仮に、信託が同条の委託に含まれず第三者への情報提供にあたるとしても、医療機関が委託者たり得る場合には、先に見たとおり、そのことについて黙示的に患者の同意があると評価できよう。また、この問題について、厚生労働省のガイドラインは、第三者への情報提供が患者の傷病の回復等を含めた医療サービスの提供に必要であり、個人情報の利用目的として院内掲示等により明示されていれば、原則として黙示の同意が認められるとしており[10]、医療機関が委託者たり得る場合には、この基準からも、黙示の同意を肯定できると考えられる。

---

10)　前掲注5)「医療・介護関係事業者における個人情報の適切な取り扱いのためのガイドライン」23頁。

④　したがって、医療機関が委託者たり得る場合には、患者の医療情報の信託が個人情報保護法に違反することはない、ということができると思われる。

(5)　まとめ

以上からすると、現在の法制度の下においても、医療情報の安定的長期管理と病診連携の促進(ひいては、より良質の医療の提供)を目的として、十分な安全性が確保された医療クラウドに医療情報を信託するというような場合、すなわち、まさに本件で想定しているような場合であれば、医療機関は委託者たり得、個人情報保護法にも違反しない、と考えることも可能であると思われる。

もっとも、その目的を十分に実現するには、単に病院が委託者になることができるということだけでは足りず、多数の医療機関が共通の医療情報共有システムに参加するような制度づくりが不可欠である。また、現実に当該制度の関係で委託者たり得るかどうかは、医療クラウドの安全性に関する問題や、医療クラウド側の情報の管理・利用方針に依るところがあり、現状のままではその限界は不明確といわざるを得ない。

したがって、現実に医療クラウドの活用に信託の考えを取り入れる際には、全体の制度づくりと一体として、信託法あるいはその応用の問題についても検討されることが望ましく、必要に応じて立法的な手当等を用いることで、制度の全体像や委託者たり得る場合をより明確化することが期待される。

3　委託者たり得る者―研究環境の場合―

①　第3章1で見たとおり、現在、研究開発に関するマテリアル、情報、知的財産権等研究開発環境を構成する様々な財産は、必ずしも適切に管理されておらず、研究主体の変動によりそれらの財産が容易に散逸しかねない状況にあり、それを防止する仕組みが存在していない。しかし、研究開発の社会的重要性からすれば、かかる事態を防止し持続可能な研究開発環境を整えるべきであり、そのためには、信託の考えを用いることが有用である。

すなわち、研究開発環境を構成する財産を研究主体の変動から切り離して、信頼できる管理者の管理に委ねるとともに、必要な研究者がそれらの財産に適

切にアクセスできるという制度の実現である。

この場合、大学等の研究機関が受託者となり、現在、将来の研究者や異動後の研究者が受益者となるべきであるということは大きく異論のないところであろう。問題は、誰が委託者となるべきであり、また、その者が委託者になることができるのか、ということである。

②　研究開発を支えるマテリアルや情報は、それらが適切に管理され、具体的な研究活動のために一体として機能する状態を維持されてこそ、価値を発揮できるものである。また、その価値というのは、特定の研究活動との関係により定まるものである。

そうすると、当該分野の専門家でなければ如何なる財産を委託すべきであるのかということを的確に判断することは困難であるから、マテリアルや情報を現に利用している研究者こそが委託者となることが望ましいものと思われる。

③　もっとも、そのような研究者が委託者となるには、現状では様々な問題がある。

すなわち、研究者個人が作成した実験データや購入したマテリアル、取得した知的財産権を委託する、ということであれば、特に問題は生じない。

しかし、実際の研究開発環境には、大学等の研究機関の予算で購入されるマテリアルが存在しているが、これらのマテリアルは、研究機関の財産であり資産として計上されているものであるから、研究者は、研究活動の中で利用することを許されているにすぎず、処分することまでは許容されていない、というのが通常であろう（消耗品として、研究者の所有物のような取扱いがされているものは別論である）。また、共同研究のデータや知的財産権等も多数存在することが予想されるが、これらの財産についても、当該研究者単独では自由に処分し得ないものと考えられる。

したがって、現行法の下では、研究開発を支える様々な財産のすべてについて当該研究者個人が委託者となることは困難であると思われる。

④　とはいえ、前述のとおり、これらの財産は、ある程度一体となって機能する状態にあることで相加的にその価値を高めているものである。したがって、研究開発の持続可能性を支えるという委託の目的を十分には達成するためには、

かかる状態にある財産を欠けることなくまとめて委ねることが重要であり、それを可能とする仕組みが必要である。

研究活動が社会の維持と発展に不可欠であることを考えれば、何らかの法的手当も含めた対策とそのための検討が強く望まれるところである。

4 住環境の持続可能性と信託

(1) 検討の対象

住環境の持続可能性については、住環境に対する権利をどのようにとらえるかが要点となり、信託法上の問題と民法あるいは環境法上の問題とが交錯している。

第1は、信託法における委託者性であり、住居を事実上管理している者は委託者となり得るかが問題になる。委託者性については前述した。第2は、住環境の権利性であり、民法あるいは環境法上の問題である。たとえば、建物の所有者や賃借人等であっても、その良好な住環境を保持するための環境権の権利性は、裁判では認められていない。裁判上は受忍限度論によって対応されている。以下では第2の問題について検討する。

(2) 環境権からのアプローチ

(i) 絶対的環境権論

大阪空港訴訟の公害裁判において原告側から主張されてきた環境権は、個々の住民が地域における生活環境を破壊する行為に対して、その差止や損害賠償を請求することができると主張する。これは、環境権に基づく差止請求を訴訟の場で認めさせることを鮮明にし、絶対的権利、すなわち利益衡量を許さない権利として構成された。[11] 同訴訟控訴審判決はかかる主張に理解を示したが、[12] 上告審判決はこれを認めなかった。[13]

---

11) 大阪弁護士会環境権研究会編『環境権』（日本評論社・1973）［沢井裕］7頁、［川村俊雄］29頁などを参照。
12) 大阪高判昭和50年11月27日判時797号36頁。
13) 最判昭和56年12月16日民集35巻10号1369頁。

民事裁判では環境権は否定されている。実定法上の根拠がないこと、環境の範囲が明確でなく権利として認めると法定安定性を害することなどが、その理由とされている。

　最近の学説は、近時の環境立法の展開を踏まえ、絶対的環境権論とは別の視点から、いわゆる参加権としての環境権などを主張している。[14]

(ii) 自然享有権論

　自然享有権とは、「国民が生命あるいは人間らしい生活を維持するために不可欠な、自然の恵沢を享受する権利であって、国民はこの権利が侵害されるような自然破壊行為や、将来それが侵害される可能性がある行為に対しては、それを排除し得る」権利であり、「現在及び将来の国民からその管理を信託された国、地方公共団体は、その信託の趣旨に沿った施策を実施する義務と、信託に反する施策を講じてはならない義務を負うもの」である。①環境権は公害被害を未然に防ぐという目的から出発しているため、公害の及ぶ地域として一定の地域住民を中心とする環境を考え、その環境をその地域住民が共有しているとの法理の下に、環境に対する支配権を想定し、それをもって環境権の私権性を根拠づけたが、②自然享有権は、自然を公共財と考える点は環境権と同じであるけれども、それを人類が支配しているとは考えない点で環境権と異なるものである。また、③環境権では、その私権性を「環境支配権」に求めるため、支配権を有する地域住民を限定せざるを得ないが、自然享有権は、「自然支配権」を権利の根拠にしないため、権利主体の範囲が限定されず、さらに、④環境権では肯定される損害賠償請求権が自然享有権では認められず、事前の差止請求権と事後の原状回復請求のみが認められる。すなわち、「自然享有権は、人が生まれながらにして等しく享有する権利である。この権利は、右に述べた自然保護の責務を遂行するため行使されるべきもので、そのため、争訟上は、自然の特質からその回復しがたい破壊を防止するための事前差止請求権を主な内容として事後の原状回復請求権、行政に対する措置請求権を併せ持ち、また行政上は、自然保護に影響を与える施策の策定、実施の各過程における意見・

---

14)　大塚直『環境法〔第3版〕』（有斐閣・2010）、北村喜宣『環境法』（弘文堂・2011）参照。

異議申立等の参加権を保障されるべきものと考える」という。[15]

(3) 信託、その他の財産権からのアプローチ

(i) 「誰もが持っている権利」から「誰にも属しない権利」へ
—アメリカ合衆国における公共信託論(Public Trust Doctrine)からの示唆—

公共信託論とは、環境保全思想であるとともに、訴訟技術としても用いられる理論である。[16] わが国では、かつて公共信託論に関心が寄せられ、公共信託(Public Trust)と環境権との関係などについて検討が行われた。弁護士の木宮高彦氏は、「公共信託論では、国民には受益者としての権利があり、請求の相手方は受託者である国又は政府である。この権利は、土地、水域等の使用が制限されているような場合において、具体的、個々的に発生し、『誰にも属しない権利』である。公共信託論では自然の属性を考え、それを保護する。アメリカの場合は、自然そのもの、環境そのものが権利を有する。他方、環境権論では、環境権は支配権としての排他性を持った各人の権利であり、『誰もが持っている権利』である。自然の属性はほとんど考えられず、むしろ、人身の保護を考える。人間と環境との結びつきを非常に重視する」旨、指摘する。[17]

環境配慮義務からのアプローチもある。環境配慮は、訴訟（判決等）、立法、契約など、様々な段階において要請され、浸透しつつある。ここに、環境配慮義務の形成を認めることができる。環境配慮義務は、受忍限度論・新受忍限度論に組み込まれることにより、紛争処理において独自の役割を果たし得るとともに、規範論の一翼として環境権論の進展にも必要である。[18]

---

15) 日弁連公害対策・環境保全委員会編『森林の明日を考える—自然享有権の確立をめざして』（有斐閣・1991）195-196頁引用。自然享有権については、山村恒年『自然保護の法と戦略〔第2版〕』（有斐閣・1994）、山村恒年=関根孝道編『自然の権利—法はどこまで自然を守れるか』（信山社・1996）などを参照。

16) 1970年ミシガン州環境保護法2条1項参照。

17) 高柳信一ほか「公共信託論と環境権論との交錯—国際環境保全科学者会議における討議を踏まえて（環境問題と国際会議〈特集〉）」環境法研究8号（1977）11頁における木宮高彦氏の発言（27頁）参照。

18) 小賀野晶一「環境配慮義務論—環境法論の基礎的検討」千葉大学法学論集17巻3号

(ii) ナショナルトラスト、ランドトラスト

 イギリスのナショナルトラスト活動では、保全手法として、コンサヴェイション・イーズメント、レストリクティヴ・カヴァント、チャリタブル・トラストなどが利用されている。また、アメリカのランドトラスト活動では、環境遺産の保全手法として、土地の買取等（売買、贈与）に加え、コンサヴェイション・イーズメント等の手法が利用されている。[19]

(a) **コンサヴェイション・イーズメント**

 イーズメント（easement）とは、英米法上、「ある土地の所有者が隣接する土地をその所有権と両立するような特定目的で利用し得る権利」とされ、これには、通行権、流水権、空気利用権、採光権、囲繞権、行楽権などの種類がある。[20]イーズメントの機能は広範に及び、需要に応え得ることが注目される。

 イーズメントの一態様として、コンサヴェイション・イーズメント（conservation easement）がある。これは、土地所有者が土地保存のため、土地の一定区画の開発権を移転するものである。保存の対象となる土地は、野生生物の生息地、川の流域、名勝地、農地、放牧地、森林地などがある。また、歴史的価値のある土地や建物の保存も含まれている。開発の制限がどこまで及ぶかは場合によって異なり、原始的自然地域の保存の場合は、伐採・発掘など土地の現

 (2002) 21頁以下、松村弓彦編著『環境ビジネスリスク―環境法からのアプローチ』（社団法人産業環境管理協会・2009）99頁以下など。

[19] 以下の説明は、野村好弘=小賀野晶一「環境保全の新しい手法」環境研究67号（1987）106頁以下、野村好弘=小賀野晶一「イギリスのナショナル・トラストにおける制限約款」『平成元年度国民環境基金活動推進調査』（政策科学研究所・1990）89頁、野村好弘=小賀野晶一「アメリカのランドトラストにおけるコンサベーション・イーズメント」『平成元年度国民環境基金活動推進調査』（政策科学研究所・1990）97頁、野村好弘=小賀野晶一「英国のナショナル・トラストにおける制限約款」『平成2年度国民環境基金活動推進調査』（政策科学研究所・1991）所収、野村好弘=小賀野晶一「英国の制限約款の日本での設定可能性と問題点」『平成2年度国民環境基金活動推進調査』（政策科学研究所・1991）所収、野村好弘=小賀野晶一「英国のイーズメントの日本での導入可能性と問題点」『平成2年度国民環境基金活動推進調査』（政策科学研究所・1991）所収を引用した。少し文献が古いが、基本的枠組みの例として参考にしていただきたい。

[20] 髙橋一修「地役権」別冊ジュリスト59号（1978）152頁、高柳賢三=末延三次編集代表『英米法辞典』（有斐閣・1952）149頁、田中英夫編集代表『英米法辞典』（東京大学出版会・1991）285-286頁参照。

状を変更する行為や建物の築造等が制限される。これに対し、農地の保全の場合は、農地の分割や一定の開発は制限されるが、農業に必要な築造等は認められる。

　コンサヴェイション・イーズメントは、財産管理（estate planning）の1つとして用いられている。たとえば、農地の相続税は土地の開発価値をも含む現在の市場価格に基づいて算出されるが、コンサヴェイション・イーズメントを設定することによって土地の価格が下がるため、高額の相続税の支払いのために売却せざるを得なくなるのを防止できる可能性が高くなるのである。

　なお、税制度からの支援が行われ、土地所有者が非課税団体（たとえば、トラストフォーパブリックランド（TPL））に対して土地を贈与または売却する場合には、内国歳入法501条(c)(3)に基づき連邦税の控除を受けることができる。[21]

　コンサヴェイション・イーズメントがTPL（トラスト・フォー・パブリックランド）のために永久の期間で設定されると、公益（慈善）寄付（charitable gift）と認められ、連邦所得税が控除される。以下に、コンサヴェイション・イーズメントについて規定する、代表的な2つの制定法の骨子を紹介する。

　㈦　カリフォルニア民法典

　カリフォルニア民法典は、イーズメントの態様として、放牧、漁業、ゲーム、通行、水・木・鉱物等の取得、スポーツ、空気・光・熱の取得など18の権利を挙げている（同法801条）。

　コンサヴェイション・イーズメントについては、同法第4章に規定があり、815条、815.1.～815.9.条、816条の各規定から成っている。以下に一部を概観する。

　まず、立法上の宣言がなされる。すなわち、立法府は、自然、景観、農業、歴史的遺産、森林、オープンスペースの状況にある土地の保存は、カリフォルニアにおける最も重要な価値の1つであり、かかる土地を非営利法人へ任意に譲渡することを奨励する（同法815条）。

　コンサヴェイション・イーズメントとは、イーズメント（easement）、レス

---

21)　石村耕治「欧米主要国のNPO法制と税制」ジュリスト1105号（1997）41-42頁参照。

トリクション（restriction）、カヴナント（covenant）またはコンディション（condition）の形式で、捺印証書、遺言書、その他の証書により設定するものであって、土地を、優先的に、自然、景観、農業、歴史的遺産、森林またはオープンスペースとして維持し、承役地の所有者およびその譲受人を拘束する、いかなる制限をも意味する（同法815.1条）。

コンサヴェイション・イーズメントは、以下の性質を有する（同法815.2条）。すなわち、コンサヴェイション・イーズメントは、①前条に掲げられた目的の全部または一部のために、任意に設定され、かつ、自由に譲渡できる物的な権利であり、②恒久的に存続しなければならないものであって、③その性質において、人的なものとしてではなく、事実はどうであれ、物的なものとして解釈されなければならず、④その個々の特徴は、イーズメントを設定または譲渡する証書のなかで明示されなければならない。

コンサヴェイション・イーズメントを取得し、保持できる団体・組織は、①国家歳入法501条(c)(3)に基づく非営利・免税法人、②国家、都市、州、地方政府などに限定されている（同法815.3条）。

コンサヴェイション・イーズメントの設定、移転等に関する証書は、その土地が所在するカウンティ登録事務所に登録しなければならない（同法815.5条）。

コンサヴェイション・イーズメントへの侵害に対しては、差止めと損害賠償を請求することができる（同法815.6条）。

イーズメントに関する本章の規定は、同法815条の趣旨および目的を実現するために、柔軟に解釈されなければならない（同法816条）。

(ｲ)　統一コンサヴェイション・イーズメント法

1981年に制定された統一コンサヴェイション・イーズメント法（Uniform Conservation Easement Act）は、6カ条から成り、コンサヴェイション・イーズメントの定義、設定、効果などについて規定している。

同法は、自然資源および歴史的資源を保護するため、物的財産に対し、継続的な制限及び積極的な義務を課すことを可能にするものである。主な規定を概観する。

第1に、定義（同法1条）。本法においてコンサヴェイション・イーズメント

とは、自然、景観、オープンスペースの価値の保護、農業、森林、レクリェーション、オープンスペースの利用、天然資源、大気・水質、歴史的遺産、建築、考古学、物的財産の文化的価値の保護を目的にして、物的財産の保有者 (holder) を制限しまたはその者に積極的義務を課す、非占有の権利をいう。また、本法において保有者とは、①その州もしくは合衆国の法律に基づいて物的財産上の権利を保有する権限を有する政府団体、または、②公益企業、公益団体もしくは公益信託をいう。さらに、「第三者の強制権」とは、保有者となるに適任だが保有者でない政府団体、公益企業、公益団体または公益信託に対して付与された諸条件を強制する、コンサヴェイション・イーズメントに与えられた権利をいう。

第2に、設定、譲渡、承認、存続期間（同法2条）。コンサヴェイション・イーズメントは、本法に特段の規定のない限り、その他のイーズメントと同様に、設定、譲渡、登録等をなすことができる。保有者の承認および承認の登録がなされないうちは、保有者に対して、コンサヴェイション・イーズメントに基づくいかなる権利も発生しない。「第三者の強制権」を有する者についても同様である。コンサヴェイション・イーズメントは、同法3(b)条を除き、証書に反対の規定のない限り、その存続期間は限定されない。

第3に、裁判上の訴え（同法3条）。コンサヴェイション・イーズメントに関する訴訟は、①イーズメントの負担を有する物的財産の権利者、②イーズメントの保有者、③「第三者の強制権」を有する者、④その他の法律によって認められた者が、これを提起することができる。本法は、裁判所がコモンローおよびエクイティの原則に従ってコンサヴェイション・イーズメントを修正または終了させる権限に影響を及ぼさない。

第4に、効力（同法4条）。コンサヴェイション・イーズメントは、以下のいずれの場合であっても有効である。すなわち、①それが物的財産の権利に付随していない場合、②その他の保有者に対し譲渡することができるか譲渡された場合、③コモンロー上伝統的に認められた性質を有しない場合、④消極的な負担を課す場合、⑤負担を課せられる財産の権利者または保有者に対し積極的義務を課す場合、など。

(b) **レストリクティヴ・カヴナント**

レストリクティヴ・カヴナント（restrictive covenant：制限約款）は、私人間で締結される契約の一種で、都市農村計画法の下で土地利用規制のために利用されてきた。主な利用例としては、建物について、①建物の増改築等の改変を制限するもの、②住宅を商業的用途に転用することを禁止するもの、③住宅内部を複数世帯で使用することを制限するもの、などがある。また、土地について、①建物の新築を制限するもの、②農用地としての利用に限定するもの、などがある。

イギリスのナショナルトラストでは、ナショナルトラストと資産所有者との間でレストリクティヴ・カヴナントを締結することにより、保全の対象物を増加させてきた。1937年ナショナルトラスト法8条は、ナショナルトラストと特定個人とが一定期間レストリクティヴ・カヴナントを締結できることを規定した。そして、1930年代後半から1940年代にかけて、レストリクティヴ・カヴナントが締結され、保全対象が増加した。

同条は、土地利用を制限する契約の締結権について、「いかなる者も、ナショナルトラストとの間で、当該土地に対する権利が拘束力をもち得る限り、永久又は一定の期間、計画的発展やどんな方法によるにせよその土地の全部又は一部の利用を制限する条件に従うことに同意する場合において、ナショナルトラストが適切と考えるときには、ナショナルトラストはその者と契約し、その者からその趣旨の捺印証書を受領することができる。そして、あたかもナショナルトラストが隣接地を占有するか、それに対する権利を付与されているか、又はそれと利害関係を有するかのように、また当該契約又は捺印証書がその隣接地のために締結されることが表明されたのと同様の方法及び同様の範囲で、その者の権原に由来する契約又は捺印契約をその者に強行する権限を有する」、と規定する。[22]

(c) **チャリタブル・トラスト**

イギリス公益団体法（Charities Act）[23]は、チャリタブル・トラスト（公益団

---

22) 環境調査センター編『各国の環境法（資料編2）』（環境調査センター・1984）27頁。
23) 1960年。1992年改正。公益信託法、慈善信託法と訳す文献もある。

体)の登録、チャリタブル・トラスト委員会の設置などを規定している。それぞれの仕組み、特に公益を守るための監視組織は興味深いものがあり、それが果たしている実際上の機能に注目しなければならない。[24]

　登録されたチャリタブル・トラストが環境遺産の保全にどのように関わっているかを明らかにすることは、日本の公益信託法のありかたを検討するうえで有益であろう。

　(ⅲ)　**公益信託の活用**

　公益信託法[25]は、「信託法（平成18年法律第108号）第258条第1項　ニ規定スル受益者ノ定ナキ信託ノ内学術、技芸、慈善、祭祀、宗教其ノ他公益ヲ目的トスルモノニシテ次条ノ許可ヲ受ケタルモノ（以下公益信託ト謂フ）ニ付テハ本法ノ定ムル所ニ依ル」と規定し（同法1条）、公益信託の概念を明らかにしている。

　また、公益信託は、「受託者ニ於テ主務官庁ノ許可ヲ受クルニ非ザレバ其ノ効力ヲ生ゼズ」（同法2条）、としている。

　住環境が公益信託の対象となるためには、本法にいう、「公益を目的とするもの」に該当することが必要である。解釈論としては、個人の良好な住環境が本法の公益に該当するかが問題になる。また、立法論としては、公益信託設定のための法律上の要件を緩和することが望まれる。

---

24) イギリスの実例については、宇都宮深志『環境創造の行政学的研究』（東海大学出版会・1984)、山下茂『地域づくりトラストのすすめ—ふるさとづくりへのシビック・トラスト戦略』（良書普及会・1993）参照。
25) 公益信託ニ関スル法律、大正11年4月21日法律第62号、最終改正：平成18年12月15日法律第109号。

Ⅳ 受益者たり得る者とは？

1 はじめに

(1) 受益者たり得る者とは？

　金銭信託の場合、受託者は受益者に対し、信託行為（多くの場合、信託行為は信託契約であると考えられる）に定められた条件に従って、配当金などの名目で、金銭等「財産」の「引渡し」を行う。この場合、受益者とは、すなわち信託から金銭の分配を受ける者である。金銭の分配を受けることにより直接利益を受ける者の外延は明確であるから、金銭信託における受益者が誰なのかについて、特に議論は生じないと思われる。

　これに対し、本書で検討する医療のための信託、研究のための信託、環境のための信託等では、誰が受益者となるかが、大きな関心事となる。

　たとえば、医療のための信託について考えてみると、受託者は、「財産」の「引渡し」ではなく、医用画像や診療録などの情報（以下「医療情報」という）を適切に管理し、必要に応じて、患者または医師に対してアクセスできる機会と仕組みを提供するというサービスを給付する。このような情報を管理し、提供するサービスにより利益を受ける者の外延は、金銭信託のように財産の分配を行う信託の場合と比べるとはっきりしない。また、「サービスの提供を受ける者＝受益者」であるとも限らない。むしろ、受益者の利益にかなうように、受益者以外の者に対してサービスを提供する、という見方もあり得るからである。そこで、医療のための信託における受益者につき、法的な議論を行う前提として、医療情報により利益を受ける者を挙げてみたい。

　第1に、医療情報により利益を受ける者として、医療情報に関する患者本人（あるいは、その保護者）およびその担当医師（あるいは、その所属する医療機関）が挙げられる。これらの者は、医療情報を用いた治療の当事者であり、医療情報を使用することにより有効かつ効率的な治療を実現できるという形で利益を受ける者である。

第2に、患者本人の血縁者が挙げられる。血縁者は、血縁関係にある患者の医療情報に含まれる遺伝に関する情報により、有効な治療を受けられるという形で利益を受ける者といえるだろう。

　第3に、担当医師以外の臨床医師が挙げられる。臨床医師は、他の医師が有する臨床事例に関する医療情報からフィードバックを受けることにより、自らの治療をより望ましい方向に進歩させることができるという形で利益を受ける者といえるだろう。

　第4に、医学研究者が挙げられる。医学研究者は、医療情報を用いた研究が可能になることによって、自らの研究を進めることができるという形で利益を受ける者といえるだろう。

　また、上記のように、臨床医の技術が向上し、医療の研究が進むことは、究極的には世の中のすべての人のためになるという意味で、世界中の人が利益を受ける者だといえるかもしれない。

　このように、医療情報により利益を受ける者には複数の類型があり、それぞれの類型ごとに、必要とされる情報の内容や受ける利益の内容が異なる。では、受益者たり得る者とは、どの範囲の者をいうのだろうか。

(2)　受益者にふさわしい者とは？

　次に、受益者たり得る者の範囲が決まっても、そのすべてを受益者とすべきかどうかは、また別の問題である。後で詳しく検討するように、受益者には受託者の監督権限など様々な権限が付与されているが、受益者があまりに多いと権限行使の意思決定すら困難になってしまうからである。

　そこで、利益を受ける者のうち受益者にふさわしい者に限って、信託における受益者とすることが考えられる。

　信託法は受益権を、「信託行為に基づいて受託者が受益者に対して負う債務」と定義しており（法2条7項）、信託行為の内容によって受益権の範囲をコントロールする余地を残している。別の言い方をすれば、受益者にふさわしい者が受益者となるように信託行為で設計できるということである。

　そこで、受益者の範囲を決定するにあたって、どのようなことを考慮すべき

かを検討する必要があると思われる。

(3) 本稿の目的

本稿の目的は、上記2つの問題の検討を通して、本書の検討対象である医療のための信託、研究のための信託、環境のための信託のそれぞれにつき、あるべき受益者の形態を提示することにある。

その準備作業として、まず、信託法の条文から導かれる受益者たり得る者の範囲を明らかにし（下記2）、次に、信託法における受益者の位置づけを検討する（後述3）。

2 受益者たり得る者の範囲

(1) 受益者の意義に関する信託法の定め

(i) 信託法の条文

「受益者」とは、受益権を有する者をいう（法2条6項）。

「受益権」とは、(A)信託行為に基づいて受託者が受益者に対して負う債務であって信託財産に属する財産の引渡しその他の信託財産に係る給付をすべきものに係る債権、および(B)これを確保するためにこの法律の規定に基づいて受託者その他の者に対し一定の行為を求めることができる権利をいう（法2条7項）。

つまり、受益権とは、上記(A)と(B)を合わせたものである。そして、(B)は(A)を確保するための権利として位置づけられている。そこで、まず、(A)の内容を明らかにする必要がある。

(ii) 受益債権とは

(a) 信託法の定め

信託法2条7項は、「信託行為に基づいて受託者が受益者に対して負う債務であって信託財産に属する財産の引渡しその他の信託財産に係る給付をすべきもの」に係る債権を『受益債権』と定義している。

(b) 「信託行為に基づいて受託者が受益者に対して負う債務」

信託法2条2項によれば、信託行為とは、信託契約（同条2項1号）、遺言（同条2項2号）および自己信託の意思表示（同条2項3号）をいう。以下の検討では、

信託が信託契約によって行われることを前提とする。

同法3条1号は、信託契約を、(a)受託者に対して財産を処分する旨ならびに(b)受託者が一定の目的に従い財産の管理または処分およびその他の当該目的の達成のために必要な行為をすべき旨の契約、と定義している。この定義のうち、(b)の部分が、受託者の受益者に対する債務を記述した部分である。つまり、受託者は、受益者に対して、一定の目的に従い、その目的の達成のために必要な行為をすべき債務を負う。

債務には、金銭の借主が貸主に対して負う金銭支払債務のように債務者が行うべき履行の内容が一義的であるものと、医師が患者に対して負う治療債務のように、債務者が行うべき履行の内容が一義的でなくその内容の決定について債務者に裁量の余地が認められるものとが存在する。

これを信託に引き直せば、受託者が受益者に対して負う債務について、受託者に債務の履行について裁量を持たせることも可能ということになる。そして、受託者の裁量の範囲は、信託行為（ここでは、信託契約を想定する）によって定められることになる。

(c) 「信託財産に係る給付」の意義

上記のように、債務の内容を信託契約によって自由に定められるとしても、受益権の定義によると、定められた債務は、「信託財産に属する財産の引渡しその他の信託財産に係る給付をすべきもの」でなければならない。そこで、「信託財産に係る給付」の意義について検討する。

「信託財産」については、不動産や動産などの有体物のほか、本章Ⅰで検討されたとおり、医療情報や研究成果などの情報、またはこれらが集まった情報群が含まれるという考え方も可能である。

次に、「給付」とは、広い意味では、請求権の目的となる義務者の行為を指すが、普通には、債権の目的となる債務者の行為を指す[1]。

有体物に関する給付には、引渡請求権のほか、有体物を管理させる場合の管理者の行為が含まれると考えられる。

---

1) 金子宏ほか編『法律学小辞典〔第4版補訂版〕』（有斐閣・2008）200頁。

また、情報に関する給付には、たとえば、帳簿閲覧請求権やプロバイダ情報開示請求権に対し、債務者が情報を開示する行為のように、情報を開示する行為等が含まれると考えられる。そして、有体物とパラレルに考えれば、情報を管理する行為も給付に含まれると思われる。

したがって、医療や研究に関する情報について、受託者が当該情報を管理し、請求に応じて開示したり、削除したりすることも給付に含まれると考えられる。

 (d) まとめ
  i 受益債権の目的となる信託財産に係る給付には、情報の管理や開示などのサービスも含まれる。
  ii 受益債権に対応する債務について、受託者に裁量を持たせることも可能である。
  iii 受益権とは、上記のような受益債権、すなわち、信託財産に係る給付という形で信託契約に基づいて定められた債務に対応する債権、およびこれを確保するために信託法に基づいて受託者その他の者に対し一定の行為を求めることができる権利をいう。

3　受益者として望ましい者

(1)　信託法における受益者

(i)　受益者の持つ権利

受益者が有する受益権には、信託財産からの給付を受領する権利（信託受給権）と、受託者を監督する権能（信託監督的権能）があるとされる[2]。

また、受益者が複数の場合、受益権には意思決定に係る権利が含まれる。

以下では、信託監督的権能の担い手はどのような者が望ましいのか、および、意思決定に係る権利の担い手はどのような者が望ましいのかという観点から検討を行う。

(ii)　信託法における受益者の権利

 (a)　単独受益者権

---

[2]　能見善久『現代信託法』（有斐閣・2004）173頁。

受益者の信託監督的権能のうち、受益者が複数の場合であっても受益者単独で行使できる権利を「単独受益者権」という。

単独受益者権については、受益者の利益の保護を強化し、受託者に対する実効的な監督を可能にするために、信託法92条が、大きく分けて、(i)受益者の利益を保護し、または受託者を実効的に監督する上で必要不可欠な権利、(ii)行使の緊急性を要する権利、(iii)各受益者の意思を尊重すべき権利および(iv)受益者間の利益相反が想定されず制限の必要性が認められない権利、という4類型の権利について、信託行為による制限を禁止している[3]。

信託法が定める単独受益者権の概要、単独受益者権の根拠となる条文および信託行為の定めによる制限の可否を表にまとめると、**図表1**のようになる。

図表1

単独受益者権の概要	条文	制限の可否
遺言信託における受益者の信託の引受けの催告権	5条1項	×（92条2号）
信託財産と固有財産等に属する共有物の分割の申立て	19条2項・4項	×（92条1号）
信託財産への違法執行に対する異議を主張する権利	23条5項・6項	×（92条3号）
違法執行に対する異議の費用請求権	24条1項	×（92条4号）
受託者の権限違反行為の取消権	27条1項・2項	×（92条5号）
利益相反行為または競合行為についての重要な事実の通知受領権	31条3項	○
利益相反行為の取消権	31条6項・7項	×（92条6号）
信託事務処理状況の報告	36条	×（92条7号）
信託財産状況に関する書類の内容についての報告受領権	37条3項	○
帳簿等閲覧謄写請求権	38条1項・6項	×（92条8号）
他の受益者の氏名等の開示請求権	39条1項・3項	○
損失塡補または原状回復請求権	40条	×（92条9号）
損失塡補または原状回復請求権	41条	×（92条10号）
受託者の任務懈怠に係る差止請求権	44条	×（92条11号）
支払いの差止請求権	45条1項	×（92条12号）

---

3) 寺本昌広『逐条解説　新しい信託法〔補訂版〕』（商事法務・2008）264頁。

受託者の信託事務処理に関する検査役の選任	46条1項	×（92条1号）
受託者が信託財産から費用の前払いを受ける場合の通知受領権	48条3項	○
受託者の解任申立て	58条4項	×（92条1号）
受託者の任務終了の事実の通知受領権	59条1項、60条1項	○
前受託者に対する差止請求権	59条5項	×（92条13号）
前受託者に対する差止請求権	60条3項・5項	×（92条14号）
訴訟費用等の支払請求権	61条1項	×（92条15号）
新受託者候補者に対する催告権	62条2項	×（92条16号）
新受託者選任の申立て	62条4項	×（92条1号）
受益権の取得の事実の通知受領権	88条2項	○
受益権を放棄する権利	99条1項	×（92条17号）
受益権取得請求権	103条1項または2項	×（92条18号）
受益権の価格決定の申立て	104条2項	×（92条1号）
信託管理人、信託監督人選任の申立て	123条4項、131条4項	×（92条1号）
信託監督人の引受けに関する催告権	131条2項	×（92条19号）
受益者代理人の引受けに関する催告権	138条2項	×（（92条20号）
信託の併合等による一定の事項の通知受領権	149条2項・4項、151条2項・3項、155条2項・3項、159条2項・3項	○
特別の事情による信託の変更の申立て	150条	×（92条1号）
特別の事情による信託の終了の申立て	165条	×（92条1号）
公益の確保のための信託の終了の申立て	166条	×（92条1号）
受益証券に関する交付・提供請求権	187条1項	×（92条21号）
受益証券に関する閲覧謄写請求権	190条2項	×（92条22号）
受益証券に関する記載または記録請求権	198条1項	×（92条23号）
限定責任信託における金銭の塡補または支払請求権	226条1項	×（92条24号）
限定責任信託における金銭の塡補または支払請求権	228条1項	×（92条25号）
受益証券発行限定責任信託における損失塡補請求権	254条1項	×（92条26号）

(b) 意思決定に関する権利

受益者が複数の場合における受益者の意思決定につき、信託法は、全員一致

による意思決定を原則とし、信託行為による別段の定めを認めている（法105条1項）。また、信託行為で受益者集会による多数決による定めを設けた場合について、受益者集会に関する手続を定めている（法105条2項および106条～122条）。

　受益者の意思決定を要する事項とその根拠となる条文をまとめると、**図表2**のようになる。

図表2

意思決定を要する事項	根拠条文
信託財産と固有財産に属する共有物分割	19条1項2号・3項2号
受託者の利益相反行為または競合行為についての事前の承認	31条2項2号、32条2項2号
受託者の利益相反行為に対する追認	31条5項
受託者の競合行為について信託財産のためにされたものとみなす権利の行使	32条4項
受託者の損失塡補責任等の免除	42条
受託者の辞任の同意	57条1項
受託者の解任の合意	58条1項
新受託者の選任の合意	62条1項
新受託者への信託事務の引継ぎの際に行う計算に対する承認	77条、78条
信託監督人、受益者代理人に関する辞任の同意、解任の合意、選任、事務の終了に対する同意	134条2項、141条2項、135条1項、142条1項、136条1項1号、143条1項1号
信託の変更の合意	149条1項・2項1号・3項
信託の併合の合意	151条1項・2項1号
信託の分割の合意	155条1項・2項1号、159条1項・2項1号
信託の終了の合意	164条1項
清算受託者が職務終了の際に行う計算に対する承認	184条

(2) 受益者として望ましい者とは？

(i) 単独受益者権の担い手として望ましいのは？

　単独受益者権には、受託者の権限違反行為、利益相反行為、競合行為等に関する取消権等のほか、受託者の解任の申立てをする権利などが含まれている。これらの権利を適切に行使するには、信託法その他の法律に関する知識に加え、

受託者が行っている業務分野についての知識が必要となると思われる。

したがって、単独受益者権の担い手は、相応の法的知識や受託者が行う業務に関する知識などを有し、かつ、受託者の監督に時間をかけられる者であることが望ましい。

(ii) 意思決定に係る権利の担い手として望ましいのは？

受益者の意思決定を要する事項にも、利益相反行為や競合行為に対する事前の承認など、信託法その他の法律に関する知識に加え、受託者が行っている業務分野についての知識が必要となる事項が含まれている。したがって、単独受益者権の場合と同様に、これらの知識を有する者が望ましい。

また、信託の円滑な運用という観点からすると、受託者の行為に対する承認や追認は、迅速になされるほうが望ましい。受益者による意思決定に係る権利の担い手があまりに多すぎると、かかる迅速性が失われてしまうため望ましくない。

(iii) 受益者代理人制度による補完の可能性

受益者が受託者を監督するのに必要な能力や時間を補完する制度として、受益者代理人制度（法138条以下）がある。

受益者代理人制度とは、受益者による受託者の監督に困難を伴ったり、そもそもこれに関心がない場合があり得るので、受益者の信託法上の一切の権利を行使する権限を有する受益者代理人を選任しておくことにより、受益者の利益を保護する制度であり[4]、まさに、受益者が信託監督的権能を十分に担えない場合を念頭に置いた制度である。

受託者の監督に必要な能力を有する受益者代理人を選任すれば、受益者の専門的知識の欠如という問題を解決し、受益者の権利保護を図ることが可能になる。

また、多数の受益者が特定の受益者代理人を選任することにより、意思決定に係る権利の迅速な行使が可能になると思われる。

---

4) 寺本・前掲注3）321頁。

(3) まとめ
　ⅰ　受益者は、受託者から給付を受ける権利のほか、信託監督的権能、具体的には、単独受益者権および意思決定に係る権利を有している。
　ⅱ　単独受益者権および意思決定に係る権利を適切に行使するためには、いずれも法律に関する知識のほか、受託者の行う業務に関する知識が必要となるため、これらの能力を有する者が行使を担うのが望ましい。
　ⅲ　信託の円滑な運用という観点からは、意思決定に係る権利が迅速に行使されることが望ましいので、意思決定に係る権利の担い手が多数になることは望ましくない。
　ⅳ　受益者代理人制度の活用により、受益者の能力を補完するとともに、意思決定に係る権利の行使の迅速性を確保することも可能である。

4　医療のための信託における受益者とは？

(1)　受益権の内容

(i)　給付

「信託財産」である医療情報について、閲覧、削除、その他の方法により管理するサービスを提供することは、医療情報に係る「給付」にあたる。

(ii)　受託者の債務と受益権

では、この医療情報に係る給付をすべき債務として、どのようなものが考えられるか。

(a)　受託者に裁量を与えない場合

まず考えられるのが、常に受益者の指示に基づいて、医療情報の開示、削除、その他の管理を行う債務である。つまり、受託者に全く裁量の余地がない債務といえる（以下「非裁量型」という）。たとえば、医療情報の開示対象を受益者が許可した者に限り、かつ、受益者の指示によって、情報の開示や削除を行わせる場合が考えられる。

　非裁量型の場合、受託者が受益者の意図に沿わない行為をする可能性は小さくなるが、他方で、常に受益者の意図を確認しなければならないため、医療情報を迅速かつ柔軟に活用することは難しくなる。

(b) 受託者に裁量を与える場合

その対極として位置づけられるのが、受託者が、信託の目的を達成するために、その裁量において、医療情報の開示、削除その他の管理を行う債務である。つまり、受託者に広い裁量を認める債務といえる（以下「裁量型」という）。たとえば、医療情報の主体である患者が、当該患者自身、当該患者の遺伝関係者のために当該医療情報を活かしてほしいという目的を設定する場合が考えられる。

裁量型の場合、受託者がその判断において迅速かつ柔軟に医療情報を活用でき、受益者はそのメリットを享受できるが、他方で、受託者の監督は難しくなる。

(c) 受益権の可能性

実際には、裁量型と非裁量型を組み合わせることによって、よりよい受益権の構成が探求されるべきである。しかし、組合せには広い可能性があるため、その全てを検討の対象にすることは困難である。

そこで、以下では、裁量型と非裁量型の2つを取り上げ、それぞれの法律構成を検討する。この検討結果は、組合せを行う際の参考になると考える。

(2) 受益者となり得る者の範囲

(i) 受益者の範囲と受益権の内容の相関性

裁量型における受託者は、受益者である患者から信託財産である当該患者の医療情報の管理を広く委任されることになるから、これに対応する受益債権は受託者に適切に管理してもらう権利と位置づけられる。したがって、裁量型において、受益権は、医療情報を提供した者すなわち当該患者に帰属することになる。

これに対して、非裁量型における受託者は、受益者の指示に従って医療情報の開示、削除その他の管理を行うことになるから、これに対応する受益債権は受託者に対して、開示や削除等を求める権利と位置づけられる。したがって、非裁量型において、受益権は、当該医療情報の開示や削除を求め得る者それぞれに帰属することになる。

したがって、受益権の定め方によって、受益者の範囲が変わるといえる。

(ⅱ) 医療情報によって利益を受ける者の位置づけ

以上のように、裁量型と非裁量型とで、受益者の範囲は変わるが、他方で、医療のための信託の目的が、医療情報に関係者をアクセスさせることによって、よりよい治療や医療研究を可能にする点にあることに変わりはない。つまり、医療情報を提供する患者以外にアクセスが認められる者が存在することに変わりはないのである。

これらのアクセスが認められる者の位置づけは、非裁量型と裁量型とで異なる。非裁量型においては、アクセスを認められる者、すなわち、開示を求め得る者が受益者と位置づけられるのに対して、裁量型では、アクセスを認められる者は、あくまで事実上利益を受ける者と位置づけられることになろう。

いずれにせよ、このアクセスが認められる者の範囲を明らかにしなければ、医療のための信託における受益者ないし事実上利益を受ける者の範囲を決めることはできない。

そこで、医療情報にアクセスが認められるべき者は誰なのか、検討する。

(ⅲ) 医療情報へのアクセスに関する法令等

医療情報は、通常、患者の個人情報であるとともに、治療を担当する医師の知見が記載されたものであるという特徴を有しており、そもそも誰でも見られるというものではない。法令上、医療情報へのアクセスを認められる者は限られている。

法令上、医療情報にアクセスできない者に対して、アクセスを認めることは、原則として、法令の趣旨に反し許されないと考えられる。そこで、まず、どのような法令等が医療情報へのアクセスについて扱っているのか概観する。

(a) 個人情報保護法およびガイドライン

医療情報は、個人情報保護法の「個人情報」に該当する（同法2条1項）。

個人情報へのアクセスに関して、個人情報保護法23条は、本人の同意がなく個人情報を第三者に提供することを、原則として制限し、いくつかの例外を設けている。これを受けて、厚生労働省は、個人情報である医療情報の取扱いについて、「医療・介護関係事業者における個人情報の適切な取扱いのためのガ

イドライン」(以下「ガイドライン」という)を定めている。

ガイドラインでは、情報の第三者提供に関する黙示の同意が認められる事由や、例外的に同意が不要となる具体的な事由について、定められている。

(b)　診療情報の提供等に関する指針

また、医療情報の提供等について、厚生労働省医政局長による平成15年9月12日付の通達で定められた「診療情報の提供等に関する指針」(以下「診療情報指針」という)も、医療情報へのアクセスに関して定めている。

診療情報指針は、「インフォームド・コンセントの理念や個人情報保護の考え方を踏まえ、……『医療従事者等』……の診療情報の提供等に関する役割や責任の内容の明確化・具体化を図るものであり、医療従事者等が診療情報を積極的に提供することにより、患者等が疾病と診療内容を十分理解し、医療従事者と患者等が共同して疾病を克服するなど、医療従事者等と患者等とのより良い信頼関係を構築することを目的とする」としており、治療当事者間の信頼関係の構築を目的としている点が特徴である。

ガイドラインにおいても、指針について、「医療従事者と患者等とのより良い信頼関係を構築する……目的のため、患者等からの求めにより個人情報である診療情報を開示する場合は、同指針の内容に従うものとする」とされており、治療当事者間の医療情報開示に関するルールとして位置づけられている。

(c)　まとめ

このように、診療情報指針では、医療情報の提供の対象が、本人である患者の治療に関する範囲に限定されている一方で、個人情報保護法は、より広く第三者に対して開示できる場合を定めている。

---

5)　厚生労働省「医療・介護関係事業者における個人情報の適切な取扱いのためのガイドライン」(2004年12月24日) 〈http://www.mhlw.go.jp/topics/bukyoku/seisaku/kojin/dl/170805-11a.pdf〉。

6)　「診療情報の提供等に関する指針の策定について」(2003年9月12日付医政発第0912001号厚生労働省医政局長通達) 〈http://wwwhourei.mhlw.go.jp/hourei/doc/tsuchi/150916-a.pdf〉。

7)　厚生労働省「診療情報の提供等に関する指針」(2003年9月12日) 〈http://wwwhourei.mhlw.go.jp/hourei/doc/tsuchi/150916-b.pdf〉。

8)　診療情報指針の「1　本指針の目的・位置づけ」。

(iv) 患者本人による医療情報へのアクセス

個人情報である医療情報に、本人である患者がアクセスできるのは当然である。

診療情報指針によると、診療情報の開示を求め得る者として、①患者本人、②患者の法定代理人、③診療契約に関する代理権が付与されている任意後見人、④患者本人から代理権を与えられた親族およびこれに準ずる者、⑤患者が成人で判断能力に疑義がある場合は、現実に患者の世話をしている親族およびこれに準ずる者が挙げられている。

ここに挙げられているのは、当該患者の治療に関与する可能性のある者であり、患者に代わって医療情報の閲覧を受けて患者本人の治療のために協力することが予定されている者であるといえる。③と④は、患者本人が代理権を付与するという形で医療情報の閲覧を認めた者であり、②と⑤は患者本人の判断能力に問題がある場合に患者に代わって医療情報の提供を受け判断するのにふさわしい者と位置づけることができるだろう。これに、実際に患者の治療にあたる医療関係者を含めた患者の治療に関わる者を「治療関与者」と呼んでおく。

また、患者本人が別の医療機関にかかるときに、当該医療機関に情報を提供する場合は、形式的には第三者提供にあたるが、実質的には患者が治療を受けるために医療情報へのアクセスを求める場面といえる。ガイドラインは、患者の傷病の回復等を含めた患者への医療の提供に必要であり、かつ、個人情報の利用目的として院内掲示等によりその旨が明示されている場合には、当該医療機関への医療情報の提供に対する黙示の同意が得られていると考えられる、としている。

(v) 治療関与者以外の者による医療情報へのアクセス

では、研究者がよりよい医療の実現を目指して研究を行うために医療情報にアクセスしたい場合や、実際に治療を担当する医療関係者ではない医療関係者が別の患者との関係でよりよい治療を行う目的で医療情報にアクセスしたい場合、あるいは、患者本人の血縁者が血縁者自身のために医療情報にアクセスしたい場合のように、治療関与者以外の者による医療情報へのアクセスをどう考えるべきか。

(a) 匿名化による方法

　この点を考える前提として、そもそも彼らは個人情報としての医療情報を必要としているか、という点を検討すべきである。

　まず、研究者について考えてみると、研究においては、個人が誰であるかに関心はなく、その一般的な情報が求められるのであるから、医療情報が特定の者に関する個人情報である必要がある場合は少ないのではないだろうか[9]。

　また、同種の病気の治療のために情報を役立てたいと考えている医療関係者にとっても、その担当する患者と医療情報の患者が類似しているとわかる程度の情報があれば足りるから、個人情報である必要はないと思われる。

　したがって、これらの者については、個人情報である医療情報を匿名化することにより、医療情報へのアクセスを認める余地がある。

　匿名化について、ガイドライン[10]は、個人情報から、氏名、生年月日、住所等、個人を識別する情報を取り除くことで、特定の個人を識別できないようにすることをいい、顔写真については、一般的には、目の部分にマスキングすることで特定の個人を識別できなくなるとしている。

　また、特定の患者・利用者の症例や事例を学会で発表したり、学会誌で報告したりする場合等は、氏名、生年月日、住所等を消去することで匿名化されると考えられるとしている。

　ただし、ガイドラインは他方で、個人情報保護法上、他の情報との照合により特定の個人を識別できる場合も個人情報に含まれることから、本人の同意を得るなどの対応も考慮する必要があるとしている[11]。この点に関して、「臨床研究に関する倫理指針」[12]の第1の「3　用語の定義」では、匿名化を、(i)個人を識別できないように、個人と新たに付された符号または番号の対応表を残さない方法による匿名化（連結不可能匿名化）と、(ii)上記対応表を残す方法による

---

9) ただし、年齢、性別、地理的な要因など細かな情報を要求されると、個人を識別できる可能性が出てくる。
10) ガイドラインIIの「2　個人情報の匿名化」。
11) ガイドラインIIの「2　個人情報の匿名化」。
12) 厚生労働省「臨床研究に関する倫理指針」(2003年7月30日)〈http://www.mhlw.go.jp/general/seido/kousei/i-kenkyu/rinsyo/dl/shishin.pdf〉。

匿名化（連結可能匿名化）に分類し、扱いを分けている。

可能な限り匿名化を行うことで、医療情報へのアクセスをより広い範囲の者に認めることが可能になると思われる。

(b) 研究者による医療情報へのアクセス

個人情報保護法50条1項3号は、憲法上の学問の自由（憲法23条）への配慮から、大学その他の学術研究を目的とする機関等が、学術研究の用に供する目的をその全部または一部として個人情報を取り扱う場合については、法による義務の規定は適用しないこととしている。ただし、同条3項は、上記機関等に、自主的な個人情報の適正な取扱いを確保するための措置を講ずるよう努めることを求めている。

これを受けたガイドラインは[13]、医学研究分野における関連指針の内容を留意[14]することを求めている[15]。この関連指針は、個人情報保護法のルールに従うことを求めるものである。

したがって、匿名化によって個人情報該当性を失わせることができない場合、研究者は、患者本人にとって第三者にあたるから、個人情報保護法23条1項により、原則として患者本人の同意がない限り、患者の医療情報にアクセスできない。

(c) 医療関係者が自ら行う治療の向上のために医療情報にアクセスする場合

この場合、医療情報にアクセスしようとする医療関係者は、患者本人ではない第三者であるから、原則として患者本人の同意がない限り、患者の医療情報にアクセスできない。

(d) 血縁者が自らの治療に役立てるために遺伝情報にアクセスする場合

診療情報指針は[16]、患者が死亡した場合に、死亡に至るまでの診療経過、死亡

---

13) ガイドラインⅠの「9 個人情報が研究に活用される場合の取扱い」。
14) ガイドラインの別表5。
15) なお、ここにいう関連指針は、ヒトゲノム・遺伝子解析研究、疫学研究、遺伝子治療臨床研究、臨床研究およびヒト幹細胞を用いる臨床研究についてのみ定められており、すべての研究分野について定められているわけではない。
16) 診療情報指針「9 遺族に対する診療情報の提供」。

原因等についての診療情報を提供しなければならないとしている。そして、診療記録の開示を求め得る遺族の範囲を、患者の配偶者、子、父母およびこれに準ずる者に限定し、提供に際して、患者本人の生前の意思、名誉等を十分に尊重することが必要であるとしている。他方、患者が生存する間は、あくまで治療関与者にのみ開示を認めることになっている。

しかし、患者が生存中であっても、患者の血縁者がその治療のために患者の医療情報（とりわけ遺伝情報）を必要とする場合もあり得るから、このようなニーズには対応できないのだろうか。

この点、開示の対象を絞る理由は、患者の個人情報保護にあるから、患者が血縁者に対する開示に同意した場合には、その血縁者を受益者としてよいと思われる。

　(e)　患者による同意を得る方法

ガイドライン[17]は、患者から個別に同意を得る方法のほかに、患者への医療の提供のために通常必要な範囲の利用目的について、院内掲示等で公表しておくことにより、あらかじめ包括的な同意を得る方法を定めている。しかし、この場合であっても、同意があったと考えられる範囲は、患者のための医療サービスの提供に必要な範囲に限られるとされている。

しかしながら、自らの病気のより有効な治療のために、自らの医療情報を提供したい（その代わり、他人の医療情報も利用したい）という要請、より抽象的に自らの医療情報を医療研究に役立てたいという要請、自らの医療情報に含まれる遺伝情報を自らの血縁者の病気の予防に役立てたいという要請などもあり得るのだから、ガイドラインのように、自らの治療目的の場合にのみ包括的な同意を認めるという立場は狭すぎると思われる。

そもそも、個人情報保護法23条1項は、「あらかじめ本人の同意を得」ることができれば、その利用目的を問わず第三者に提供できるとしているのだから、ガイドラインが定める場合でなくとも、包括的な同意は有効だと考える。

　(f)　同意なしに第三者提供する方法

---

17)　ガイドライン24頁。

また、個人情報保護法23条2項は、第三者提供を利用目的とすること、提供される情報の内容、手段、方法等に加え、患者本人の求めに応じて個人情報の第三者への提供を停止することを本人に通知し、または本人が容易に知り得る状態に置いている場合に、第三者提供を認めている。
　したがって、研究、臨床、遺伝治療といった利用目的、情報提供の内容、手段および方法等を伝えた上で、患者本人によりいつでも第三者提供を停止できる体制を整えれば、個人情報である医療情報についてアクセスを求める者に提供することは可能だと考える。

　(vi) まとめ
　i 受益権を裁量型にすると受益者は少なくなり、受益権を非裁量型にすると受益者の数は多くなる。
　ii 受益権を非裁量型にすると、医療情報にアクセスできる者は受益者となるが、受益権を裁量型にすると、医療情報へのアクセスはあくまでも事実上の利益と位置づけられることになる。
　iii 患者本人は、自らの個人情報である医療情報にアクセスできる。これに関連して、治療関与者のアクセスも認められる。
　iv 治療関与者以外の第三者は、匿名化により個人情報該当性を失った医療情報にアクセスできるが、個人情報である医療情報については、原則として、患者本人の同意がなければアクセスできない。
　v 第三者による医療情報へのアクセスに関する患者本人の同意は、包括的な同意でも足りると考えられる。
　vi 患者本人の同意がなくても、一定の場合には第三者による医療情報へのアクセスが認められる。

(3) 医療のための信託における受益権の担い手

　医療のための信託は、個人情報を取り扱う点にその最大の特色があることから、これを監督するには、個人情報保護法についてある程度の専門的な知識があり、かつ、受託者に対して法的な請求を迅速に行える者が望ましい。しかし、これまでに検討した受益者たり得る者は、必ずしもそのような特徴をもつとは

限らない。そもそも、患者本人以外の者は、患者本人の個人情報について関心がないかもしれない。

他方で、個人情報保護法に詳しいだけの第三者は、そもそも医療情報へのアクセス自体を認めるべきでないから、受益者たり得ないだろう。

そのため、裁量型、非裁量型のいずれの場合であっても、受益者代理人を選任することが望ましいと思われる。受益者代理人として位置付けられるべき者として、個人情報保護法について知識および経験を有する弁護士等の専門家、またはかかる専門家を抱える第三者機関などが考えられる。

(4) 医療のための信託における受益者の形態
(i) 裁量型の場合

裁量型の場合、受益者は患者本人のみということになる。患者本人以外の第三者で医療情報へのアクセスが認められる者の範囲は、信託契約における信託の目的等の定め方によって決まる。

たとえば、信託の目的を、「患者本人の治療により得られた情報を、患者と同種の病気の治療に役立ててほしい」とした場合、受託者は、同種の病気の治療に携わる医師に提供したり、研究グループに提供したり、遺伝子治療を行う研究機関に提供できることになる。

(ii) 非裁量型の場合

非裁量型の場合、受益者は、医療情報へのアクセスが認められる第三者となる。その範囲は、信託契約における受益者の定め方によって決まる。

たとえば、医療情報の利用目的に「同種の病気の研究」を含めた上で、研究を行う研究機関への情報提供について同意を得れば、受託者は当該機関に医療情報を提供できることになる。

(iii) 考えられる形態
(a) 単独信託型

では、どのような信託の形態が考えられるか。1つのあり方は、1つの大きな信託があり、それが多数の患者の個人情報およびそれを匿名化した情報を管理し、開示するというものである（**図表3**参照）。受益者は、患者、治療関与者

およびその血縁者のように個人情報までアクセスできる者と、研究者等のように個人情報までアクセスできない者に分かれる。

この場合、裁量型であっても、非裁量型であっても、受益者は多数になる可能性がある。また、非裁量型を徹底すると、患者ごとに受益者のグループが形成されるため、これらの意思決定をまとめるには手間がかかる可能性がある。

図表 3

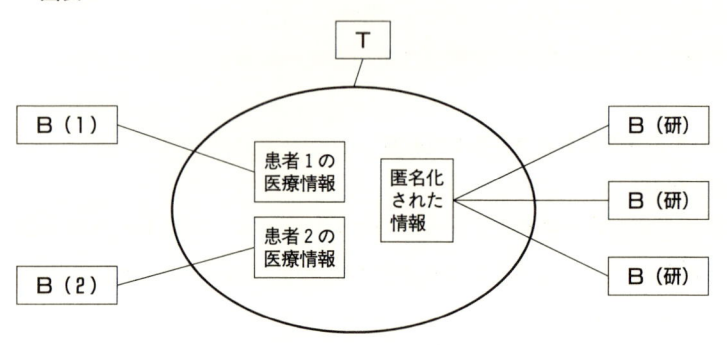

(b) 複層信託型

これに対し、もう1つのあり方として、個人情報を管理し、患者、治療関与者およびその血縁者がアクセス権者である信託について、裁量型の受益権を選択した患者の個人情報を管理する信託および非裁量型の受益権を選択した患者の個人情報を管理する信託、ならびに匿名化された情報を管理し研究者等を受益者とする信託を別個に形成する形も考えられる（**図表 4 参照**）。匿名情報の信

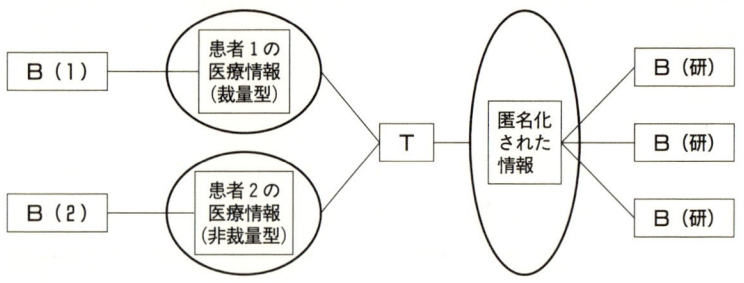

図表 4

託の設定は、別の受託者を指定する信託契約による方法と、個人情報の信託の受託者が匿名情報の信託の受託者となる自己信託の方法が考えられる。

この場合、1つの信託に同一カテゴリーの情報および受益者が集まるため、上記の様々なカテゴリーの受益者が混在する信託に比べて、意思決定はスムーズになると思われる。

他方で、信託が細分化されることは、受託者にとって、事務処理の負担が大きいかもしれない。

(5) その他の問題

以下では、ここまでに検討していない受益者、受益権に関する問題について検討する。

(i) 医療情報へのアクセスの制限

診療情報指針では、(i)診療情報の提供が第三者の利益を害するおそれがあるとき（診療情報の提供を医師が拒み得る場合として、患者の家族が提供した情報を患者に提供することにより患者と家族の人間関係が悪化する場合）、(ii)診療情報の提供が患者本人の心身の状況を著しく損なうおそれがあるとき（告知が患者本人に重大な心理的影響を与え、その後の治療効果等に悪影響を及ぼす場合）が挙げられている。

非裁量型の場合、診療情報指針のような扱いは受益権を制限することになるが、このような制限は信託法92条に反しないから、信託契約で定めても問題がないと思われる。

裁量型の場合は、受託者の判断について、患者または第三者の利益を害する場合は開示してはならないと定めれば、対応できると思われる。

(ii) 受益者の変動

非裁量型の場合、信託が運用されるにつれ、受益者の追加や脱退など、受益者の変動が起こることが考えられる。受益者の範囲を一方的に変動させるわけにはいかないため、信託法上の制度を用いる必要がある。以下では、受益者の変動の場合にどのような制度が使えるのかについて検討する。

まず、受益者指定権が考えられる。これは、特定の者に受益者を指定、変更

させる制度であり、その旨の定めを信託行為に置いて定めることができる（法89条）。指定、変更する者として、受託者を指定することもできるし（同条6項）、第三者を指定することも可能である。また、変更の内容として、受益権を失わせることも可能である（同条4項）。

たとえば、患者が転居先で新たな医療機関にかかる場合に、新たな担当医療関係者を受益者に追加することや、治療関与者として医療情報の開示を受けながら患者の世話を行っていた配偶者が死亡し、患者が子供に引き取られるときに、子供を受益者として追加する場合も考えられる。

他方で、医療情報の開示を受けながら患者の世話を行っていた配偶者と離婚することになった場合などは、受益者から外すことも考えてよいだろう。

なお、受益権の譲渡（法93条）という法形式により、受益者を変動させることも考えられるが、患者の個人情報について、一定の者だけ情報へのアクセスを認めるという観点からすると、受益権の譲渡は制限されるべきであろう。信託法93条2項本文に基づく譲渡禁止特約を信託契約に入れておくことも考えられるが、そもそも、その性質が譲渡を許さない場合（同条1項但書）にあたると考えてよいと思われる。

(iii) **緊急時の情報提供**

たとえば、患者が旅行先で倒れて緊急入院したという場合に、旅行先の病院の医療関係者が当該患者の医療情報にアクセスできることが望ましい。その際、患者や担当医療関係者の同意を待っていては対応が遅れる可能性があるから、同意なしで開示できるよう信託を設計するニーズがあると思われる。

裁量型の場合、信託の目的を、「患者に対する迅速かつ有効な治療」などと定めていれば、受託者の判断で医療情報を担当医療関係者に開示しても、問題は生じないと思われる。

他方、非裁量型においては、受益権を与えていない者に受益させることになるため、検討を要する。

非裁量型であっても、例外条項として緊急時に、受託者の判断で患者を担当している医療関係者に情報を開示してよい旨を信託契約で定めていれば、受託者は医療情報を当該医療関係者に開示してよいと思われる。

では、そのような定めがなかった場合はどうなるか。この場合でも、個人情報保護法23条1項2号の場合にあたるから、提供することは同法違反にはならないと思われる。裁量型、非裁量型のいずれにせよ、受託者の権限を明確化しておくほうが円滑な情報の開示を可能となるから、信託契約の中で、「緊急時には一定の条件（患者の本人確認など）の下で、一時的に患者の医療情報を提供する義務」を受託者に負わせておくことが有用と考えられる。

(iv) 受益者である患者の死亡と信託の持続可能性

まず、受益権の帰趨について検討する。

裁量型、非裁量型のいずれであっても、患者が死亡した場合、受益権の相続が発生することになりそうである。しかし、相続人が患者本人に関する医療情報について処分を決定する場合、患者本人の意思に反することになる可能性があり、それは患者の意思の尊重という観点からも、医療の発展という観点からも、望ましくない。したがって、信託契約において、患者死亡時における受益権の帰趨について、定めを置くべきであろう。

次に、受託者がすでに保有している情報の帰趨について検討する。

匿名化された情報については、個人情報ではないから、患者本人が死亡した場合でも、受託者がそのまま利用できると思われる。匿名化された情報を研究者らに開示している場合に、これを止めなくても、患者および遺族に不利益はないであろう。

個人情報である医療情報に関しても、本人が死亡することにより、原則として個人情報ではなくなるとされている[18]。しかし、患者の遺族にとって、プライバシー性の高い情報であることに変わりはない。したがって、信託契約に特段の定めがない限りは、遺族の意思に従って、当該情報を取り扱うべきであろう。信託契約の定めの一例として、「患者の死後、患者の医療情報を医療の発展のために各研究機関に提供する」などが考えられる。

---

[18] ガイドラインⅠの「8　遺族への診療情報の提供の取扱い」は、死者の情報は、原則として個人情報にならないとする。

(6) 最後に

上記のとおり、医療のための信託では、個人情報保護法制との関係を意識しつつ、裁量型または非裁量型を組み合わせながら、望ましい受益者の設計を検討する必要がある。

5 研究開発の持続可能性のための信託について

(1) 問題の所在

研究開発の担い手である研究者は、大学や研究機関に属して研究を行うのが一般的であるが、ある問題に関する研究を開始してから一定の成果を得られるまで、同じ機関に属しているとは限らない。所属先の大学が統廃合されたり、経営破綻したりする場合があり得るし、研究者自身の異動や退職、死亡が発生する場合もあるからである。

しかし、研究開発に必要な試料や実験動物、道具、設備、書籍等のほか、研究開発で得られた実験や調査のデータ、遺伝子情報、さらに研究成果としての知的財産（特許権等が成立していないものも含む）などは必ずしも適切に管理されているとはいえず、そのような場合に研究の継続が阻害されたり、得られた情報が散逸したりする危険性があるが、研究開発は人類社会の発展に寄与するものであり、その持続可能性を担保する仕組みがあることが望ましい。

また、1人の研究者が単独で研究して大きな成果をあげるのは困難であるから、多くの研究者やグループ、機関等が協力し、研究情報や成果等を共有または継承していくための仕組みがあることもまた望ましいといえる。

このような研究開発の持続可能性を支えるという目的を達成するために信託を活用できるかについて、受益者たり得る者は誰かという観点から検討する。

(2) 対象となる「信託財産」およびそれに関する「受益権」

（ⅰ）前述のとおり、受益者とは受益権を有する者であり（法2条6項）、受益権とは、信託行為に基づいて受託者が受益者に対して負う債務であって信託財産に属する財産の引渡しその他の信託財産に係る給付をすべきものに係る債権（受益債権）、およびこれを確保するために信託法の規定に基づいて受託者

その他の者に対して一定の行為を求めることができる権利である（法 2 条 7 項）。

まず、受益者たり得る者を検討する前提として、信託の対象となる「信託財産」および「受益権」について、簡単に検討しておく。

(ii) 研究開発の持続可能性のための信託という観点から「信託財産」となるべき財産を考えてみると、様々な性質のものが含まれることがわかる。

すなわち、研究開発に必要な試料や実験動物、道具、設備、書籍等のほか、研究開発で得られた実験や調査のデータ、遺伝子情報、さらに研究成果としての知的財産（特許権等が成立していないものも含む）など、有体物もあれば無体物もあり、また、それについて所有権などの独立した権利が成立し得るものも、そうでないものも含まれるのである。

(iii) 情報群を含めたこれらのものが「信託財産」（法 2 条 3 項）に含まれ得ることは、本章Ⅰで検討されたとおりであるが、種々の財産の性質が様々であることに加え、財産によっては、その処分権限（所有権など）が誰にあるのか判然としないものがあるという特徴もある。

信託は、受託者に対して財産の譲渡、担保権の設定その他の財産の処分をすることにより設定されるものであり（法 3 条）、委託者に当該財産の処分権限があるかどうか不明確なものは、そもそも信託財産となし得ないようにも思われる。しかし、研究情報群のような無形の情報は、本来、所有権を観念することはできず、それを所有権のアナロジーで議論すべきではない。また、所有権や知的財産権など法律上の権利を観念し得る財産について、当該研究に関与する者の中で権利帰属者が不明なままであっても、信託目的に照らし、その全員から信託設定があったものとしたり、信託目的に合致する限りで権利放棄があったと擬制するなどの論理により、信託財産とすることも可能と考えるべきであろう。

(iv) さて、それらの財産について、「引渡しその他の信託財産に係る給付をすべきものに係る債権」が「受益権」ということになるが、前述した問題意識からすれば、単に「引渡し」を受ける権利を「受益権」とするのでは不十分と考えられる。

受益権の内容としては、上記の様々な「信託財産」について、適切に保管な

いし管理を行い、請求に応じて開示、閲覧または謄写等を行うという行為が考えられるが、そのほかにも、たとえば研究の継続のため、得られた研究情報群や有体物を公共的な用に供するよう運用するとか、得られた成果について知的財産権取得申請をするとか、より積極的な行為が求められる場合もあり得る。

また、信託財産となり得るものが有体物から研究情報群まで種々雑多である上、状況や相手方によっては、開示等に応じることやその範囲が研究の阻害になる場合も考えられるので、受託者において、研究開発の持続性確保等の信託目的に照らした裁量的な判断を行う必要があると考えられる。

このような要請は、単なる「引渡し」の枠内には収まらないものであるところ、これを、信託行為の定めにより「その他の信託財産に係る給付」として「受益権」の中に織り込んでいくことは、2(1)(ii)(c)で検討したように可能であると解される。

(3) 受益者たり得る者は誰か

(i) では、かかる「受益権」を有する者である受益者たり得る者は誰か。

法的な問題を離れて、ある研究について利害関係を有する者を想定してみると、当該研究の主体となる研究者およびその研究グループ構成員、研究者が異動等した場合の新旧所属機関、当該研究グループ以外の研究者、ライセンシーとしての企業など様々な者が考えられ、その利害関係も様々である。

たとえば、研究者の異動の場合、研究途上で得られたデータ、情報、ノウハウ類で、未公表のものについては、研究者とその者が異動した先の研究機関においてこれらのデータにアクセスできることが必要不可欠であるが、異動前に所属していた研究機関においても、従前の研究を続けるにあたって、得られたデータ、情報にアクセスする必要性がある。他方、当該研究を行っているグループ以外の研究者は、研究そのものの発展という公共的な観点からは、当該データ類へアクセスさせることに意味があるとしても、当然にアクセスできるとすることは元の研究主体の研究を阻害する危険性があろう。

あるいは、研究者が死亡した場合、死亡当時の在籍研究機関にアクセスの必要性があることは疑いないが、広く社会からみた研究の継続性という意味では、

死亡の場合は、それ以外の機関でもアクセス可能性が必要な場面があり得る。

　(ii)　このように、信託財産をめぐる利害関係は複雑に絡み合っており、受益者たり得る者が誰かについて、一義的かつ単純にとらえるのは困難な面がある。

　ただ、研究開発の持続可能性を維持するための信託を議論する意味は、研究開発が究極的には社会のためであり、その維持が社会にとって価値があることによるから、そこで受益者たり得る者は、少なくとも当該研究者およびその者が所属する研究グループであり、異動が生じた場合にはその前後の所属機関も含まれると考えられる。さらにこれをどこまで広げるかについては、上記のような利害関係や、3(1)(i)で述べたように、受益者が、信託受給権を有するのみならず、信託監督的機能があり、さらに受益者が複数の場合には意思決定に係る権利を有することから、それらの権利ないし機能の主体はどのような者が望ましいかという観点から、個別に設計していくことになる。

　さらに、研究の成果が最終的には社会に還元されていくべきものであるという観点を強調すれば、受益者を広く認め、公益信託や受益者の定めのない信託といった方向に行くことも考えられるが、公益信託等については、後述「**6　住環境のための信託について**」で検討することにする。

(4)　比較対象としての「大学共同利用機関」

　(i)　ところで、わが国には、所定の研究分野について、大学における学術研究の発展等に資するために設置される大学の共同利用の研究所（国立大学法人法2条3項・4項）がある。これを大学共同利用機関といい、現在、人間文化研究機構（国立歴史民俗博物館など）、自然科学研究機構（国立天文台など）、高エネルギー加速器研究機構（素粒子原子核研究所など）、情報・システム研究機構（国立極地研究所など）の4機構がある。

　これは、各研究分野におけるわが国の中核的研究拠点（COE）として、個別の大学では維持が難しい、大規模な施設設備や膨大な資料・情報などを、国内外の大学や研究機関などの研究者に提供し、それを通じて効果的な共同研究を実施する研究機関である。

(ii) 大学共同利用機関では、①共同研究および民間企業からの受託研究により、個々の大学等の枠を越えた研究の継続性を維持すること、②共同研究の結果、機構の研究教育職員と共同研究員で共同発明等を生じた場合は、機構と民間企業等で特許等を受ける権利の持分を協議して定め、共有特許等として出願した上、共有特許等は、民間企業等または民間企業等の指定する者に限り、一定期間優先的に実施できるようにすること、③保有するデータベースを統合的に検索し、活用する研究資源共有化システムの開発を進めて研究資源の共同化を図ること、などを行っている。

この仕組みにより、研究開発の持続可能性を図るという目的は達成され得るが、大学共同利用機関との共同研究でなければそのような目的は達成されないので、個別の信託による仕組みを検討する意義はなお存すると考えられる。

6 住環境のための信託について

(1) 住環境のための信託に受益者たり得る者は存在するか？

よい環境を整える義務を受託者に負わせた場合、それを特定の誰かのための給付と構成することには困難が伴う。むしろ、かかる義務は、地域住民一般のためになされると考えるのが素直である。

そこで、住環境のための信託を受益者のいない信託として構成することが必要であると思われる。改正された信託法は、受益者の定めのない信託の存在を認めた。以下では、住環境のための信託を念頭に、受益者の定めのない信託について検討する。

(2) 受益者の定めのない信託

(i) 受益者が信託の要件とされている理由

改正前の信託法は、公益信託を除いて、受益者のいない信託を明文では認めておらず、学説上も無効であると解されてきた。[19]

---

19) 寺本・前掲注 3) 447頁。

その理由として、誰も処分できない財産を作り出すことは、財の流通を阻害するため適当でないこと[20]、また、受益者がいないと、受益者による信託監督的権能の行使が行われなくなってしまい、信託が適切に運営されなくなるおそれがあること[21]、が挙げられていた。

他方、公益信託は、政府が監督するのでこのような問題が生じないと考えられ、受益者がいなくても信託として成立できた。

(ii) **改正後の信託法の概要**

(a) **概　要**

受益者がいない信託として、目的信託が認められた（法258条1項）。受益者がいないため、信託管理人の指定が義務づけられている（法258条4項）。

(b) **期間制限**

存続期間は、20年を超えることができない（法259条）。その趣旨は、受益者のいない非公益の目的信託を認めると、誰も処分できない財産を作り出すことが可能になり、財の流通を阻害するため適当でないとされていることに求められる。

なお、後述するとおり、公益法人には信託法259条の適用はない。

(c) **受託者の制限**

信託法附則3項および信託法施行令3条は、「別に法律で定める日」までの間、目的信託の受託者を、国、地方公共団体および①最終事業年度の純資産額5000万円以上、②役員等に信託関連犯罪を犯した者や反社会勢力がいないという、2つの条件を充たす法人に限定している。

同附則4項は、上述の「別に法律で定める日」について、公益信託に係る見直しの状況その他の事情を踏まえて検討し、その結果に基づいて定めるとしている。

(iii) **期間制限の適用を回避できるか**

上記のとおり、改正後の信託法は、受益者の定めのない信託を明文で認めた

---

20) 能見・前掲注2）287頁。
21) 能見・前掲注2）281頁。

ものの、20年の存続期間を設けている。これでは、住環境を持続的に維持するための信託という目的を達成できない。そこで、期間制限がかからない信託を設計できないか検討する必要がある。

信託法259条は例外を読み込む余地がない条文となっている。解釈の方向としては、同条の趣旨からして、適用がない場面があり得るということが考えられる。

同条の趣旨は、「誰も処分できない財産を作り出すことが可能になり、財の流通を阻害することになって適当でない」という点に求められていた。そうであれば、信託財産が流通に適さないものである場合には、期間制限は適用されないと考えられる。能見教授[22]も、歴史的建造物や特に保存すべき自然環境などについては、公益性があるので、受益者の定めのない信託を認めてよいとしている。

そもそも、20年という期間については、長期取得時効（民法163条）および債権または所有権以外の財産権に関する消滅時効の期間（同法167条2項）、賃貸借の存続期間に求められており、「私法上の法律関係を規律する民法は、20年をもって、一定の目的での財産権の長期利用の区切りとなる期間と評価していると考えられるから」[23]とされているが、時効については中断があり得るし（同法147条）、賃貸借については借地借家法でより長期間の賃貸借が可能なのであるから、20年を超えて財が流通しない場面も存在し得るはずである。そうすると、上記理由付けの説得力は乏しく、それほど積極的な理由とは思えない。したがって、20年の期間制限が妥当かどうかは、個別の信託ごとに判断されるべきであろう。

このように、信託法259条は、財の流通を害するのを防ぐという立法趣旨に関係しない信託を含めて規制の対象としており、規制の範囲が広すぎることに加え、20年という一律の規制の方法にも問題があると思われる。そうすると、期間制限の期間をより柔軟に考える立法論も検討すべきではないだろうか。

---

22) 能見・前掲注2）287頁。
23) 寺本・前掲注3）452頁。

(3) 公益信託（公益信託ニ関スル法律）

(i) 概要と期間制限の不適用

目的信託のうち、学術、技芸、慈善、祭祀、宗教その他公益を目的とするもので、主務官庁の許可を受けたものは、「公益信託ニ関スル法律」が適用される（同法1条）。

同法2条2項は、公益信託には信託法259条の期間制限が適用されないことを定めている。

(ii) 許可基準

公益信託の許可基準については、「公益信託の引受け許可審査基準等について」がある（平成6年9月13日付公益法人等指導監督連絡会議決定。以下「許可基準」という）。しかし、以下のとおり、許可基準には、通常の信託にはない要件が課されているため、ハードルは高いと思われる。

　i　授益行為の内容は原則として資金または物品の給付（許可基準2・イ）
　ii　信託財産の運用による収入による目的遂行の見込み（許可基準4・ア）
　iii　客観的評価が困難な財産が信託財産の相当部分を占めない（許可基準4・イ）
　iv　運営委員会等の設置義務（許可基準6・(1)）

(4) 実質的に受益者の定めのない信託

受益者の定めのない信託には期間制限があり、信託の持続可能性という点から問題がある。また、仮に期間制限を解釈で回避できたとしても、受託者の資格制限の問題が残っている。こちらは、一定期間後に見直しを行い、法律で定めることになっているが、現状ではこれを回避するのは困難だと思われる。

そこで、目的を達成するためのもう1つの可能性として、地域住民の一般的利益を代表できる者、たとえば、地方自治体を受益者とする信託を考えてみたい。

受益権の内容は、信託終了時の残余財産の分配を受ける権利として、残余財産受益者（法182条）と構成する。管理の方法ついては、受託者に広い裁量を与える裁量型が望ましい。

受託者は、地域住民の住環境をよくするために活動ができ、受託者の不正な行為は地方自治体によって監督される（受益者代理人を選任することも考えられる）、かつ、信託法259条は適用されないから期間制限はない。

これにより、持続可能な一般的目的を有する信託を作れるのではないだろうか。

(5) **まとめ**

　i　受益者の定めのない信託および公益信託には、様々な条件があり、必ずしも使い勝手のよい制度とはいえない（そのため、立法論としては、条件を緩和することも検討されるべきである）。

　ii　地方自治体のような、公益的な受益者を1名設けることにより、実質的に受益者の定めのない信託を実現できるのではないか。地方自治体等が監督する公益団体や信頼できる中立的な第三者機関を、公益的な受益者とすることも考えられる。

V 受託者たり得る者とは？
　—弁護士は信託の担い手となれるのか—

1 はじめに

(1) 信託法改正の目的

　2006年12月8日、旧信託法が全面改正されて現行信託法が成立し（これに伴って信託業法も改正された）、翌2007年9月30日に施行された。この信託法改正の目的の1つとして、「信託法改正要綱試案　補足説明」は、「少子高齢化社会の進展に伴い今後はその社会的需要がいっそう高まることが予想される民事信託分野、民間ボランティア活動の受け皿としての発展が期待される公益信託分野など、信託利用のあらゆる場面を見据え、現在及び将来の社会的経済的ニーズに柔軟かつ的確に対応できるルールの法制化を目指している」[1]ということを挙げている。つまり、民事信託や公益信託など、従前それほど利用されてこなかった形態の信託の発展を促すことが、信託法改正の目的の1つとなっているのである。

　ただ、信託法を改正するだけでは、新しい信託の発展にはつながらない。信託には、原則として委託者が必要であり、受託者が必要であり、受益者が必要である。なかでも重要な役割を果たすのが、「信託の担い手」とも呼ばれる受託者である。よって、新たな形態の信託の発展を促すには、そのような形態の信託を担う受託者を確保することが不可欠である。

(2) 「民事信託」とは？

　ここで、「信託法改正要綱試案　補足説明」において、新しい形態の信託の1つとして挙げられていた「民事信託」に触れておこう。

　「民事信託」は法令上の文言ではないが、信託法改正の担当官によると、「家

---

[1]　法務省民事局参事官「信託法改正要綱試案　補足説明」（2005年）〈http://www.moj.go.jp/content/000011802.pdf〉1頁参照。

族や親族の内部における財産の管理、移転等を目的とする信託のように、委託者や受益者にとって営利性の乏しい信託」であり、その典型例は、①高齢者の財産管理のための信託、②障害者の扶養のための信託、③子や孫の養育や教育のための信託、④遺産分割による紛争の防止や財産承継の手段としての信託、である。[2]

　たとえば、高齢者の財産管理のための信託は、高齢者が自分の判断能力の衰える前に、将来自分の判断能力が衰えてしまう事態に備えるとともに、死後における資産の利用方法を生前に限定しておくため、その財産を信頼できる受託者に信託するというものであり、任意後見の代替的な機能を果たし得るものである。[3]

　それだけではない。民事信託は、任意後見が利用できないようなケースでも利用可能である。たとえば、浪費癖のある息子に大金をせびられ続けている高齢の資産家がいるとしよう。資産家としては、自分の存命中に資産が尽きてしまうことや、自分が死んで息子が資産を相続した場合、息子が資産を浪費して、すぐに生活に行き詰ってしまうのではないかということが心配である。そこで、息子に任意後見人を付けるということも考えられるが、浪費癖があるというだけで判断能力が低くなければ、任意後見は使えない。[4]このような場合、信託のスキームが有効である。資産を信託し、資産家の存命中は資産家自身を、死亡後は息子を受益者と指定する。受益権の内容は、たとえば、「生活費として毎月10万円の交付を受けること」と設定する。こうすれば、生前の資産家の手元には毎月の生活費程度しかない上、その死亡後、息子は毎月10万円以上の金銭を受託者から受け取ることはできないから、浪費によってすぐに資産を費消してしまう心配はない。[5]このように、民事信託は任意後見が使えない場面でも利

- [2] 佐藤哲治編著『Q&A　信託法―信託法・信託法関係政省令の解説』(ぎょうせい・2007) 378頁。
- [3] 佐藤・前掲注2)379頁以下。
- [4] 病的な浪費癖については補助制度（民法15条1項）の利用が可能な場合も考えられるが、本人の同意が必要（同条2項）という難点がある。
- [5] 生前に法定相続人を受益者とする信託を開始すると、開始時点において信託財産の全体が移転したものとして課税対象となる、という難点がある。

(3) 民事信託の受託者としてふさわしい者とは？

では、こうした民事信託の受託者には、誰がなるのが最も適しているのか。

まず考えられるのは、これまで主に商事信託の担い手であった信託銀行である。ただ、たとえば高齢者の財産管理のための信託の場合、委託者となる高齢者は不動産を所有していることが多く、不動産を含めて受託してほしいというニーズは高いはずである。しかし、このような個人所有の不動産については、個別性が強く、管理が困難であることから、信託銀行は受託しないのが通常である[6]。そうすると、信託銀行は民事信託の担い手となるのに必ずしも適していないように思われる[7]。

これに対し、弁護士は民事信託の受託者として優れている。弁護士ならば、個人所有の不動産を受託するのに支障はない。また、信託財産には、様々な法律問題がすでに生じているもの、あるいは将来生じる可能性が高いものも少なくないと思われるが、法律の専門家たる弁護士が受託者となっていれば、このような問題にも対応可能である。その意味で、弁護士は、民事信託の受託者にかなり適しているといえる（この点については、後記 3 (2)(ii)において詳述する）。

このように、弁護士が民事信託の受託者として適切であり、ほかに適切な担い手が見当たらないとすると、弁護士が受託者になれなければ民事信託の発展はおぼつかないということにもなりかねず、ひいては、「新しい形態の信託の発展」という信託法改正の目的も「絵に描いた餅」に帰することになりかねな

---

6) 不動産流動化のスキームにおいて信託が用いられることがあるが、そのようなスキームにおいても、受託者たる信託銀行はアセット・マネージャーの指図に従って対象不動産の管理・運用を行い、しかも実際の管理はプロパティ・マネージャーに委託し、自らは行わないのが一般的である。

7) 「法律業務に伴う弁護士による信託の引受けを信託業法の適用除外とする法整備案について」（日弁連総第52号、2006年11月20日）3 頁 〈http://www.nichibenren.or.jp/library/ja/opinion/report/data/061120.pdf〉。なお、成年後見人の不正事例が増加している現状に鑑み、2012年 2 月 1 日より、後見制度と信託を組み合わせた「後見制度支援信託」が導入され、当該信託においては、信託銀行が受託者となることが想定されている。しかしながら、受託可能な信託財産は金銭に限定されている。

い。では、現行法令において、はたして弁護士は受託者になれるのだろうか。弁護士が受託者となることについては、どのような問題点があり、当該問題点につきどのような解決策があるのか。それを検討するのが、本稿の目的である。

2 受託者適格

(1) 受託者とは？

議論の前提として、まず受託者とは何かについて、簡単に説明しておこう。

信託法2条5項は、受託者を、「信託行為の定めに従い、信託財産に属する財産の管理又は処分及びその他の信託の目的の達成のために必要な行為をすべき義務を負う者をいう」と定義している。

つまり、受託者とは、委託者から信託財産に関する完全権の移転（所有権ほか＋名義の移転）を受けるとともに、その後、委託者によって設定された信託目的に従って、この信託財産の管理ないし処分を遂行する義務を負い、他者のための財産管理人として信託事務を実行することになる存在である。このように、受託者は信託関係のキー・パーソンともいうべき、極めて重要な存在である[8]。

(2) 受託者適格についての法律の定め

次に、受託者適格、すなわち受託者たり得る者の資格について、信託法や信託業法でどのように定められているのかを紹介しよう。

(i) 信託法の定め

(a) 自然人の受託者についての制限

信託法7条は、「信託は、未成年者又は成年被後見人若しくは被保佐人を受託者としてすることができない」と規定しており、未成年者、成年被後見人および被保佐人（以下、三者を総称して「未成年者等」という）の受託者適格を否定している。いうまでもなく、未成年者等は自然人についてのみ問題となるのであるから、信託法7条は法人が受託者となる場合は関係のない規定である。

---

8) 新井誠『信託法〔第3版〕』（有斐閣・2008）199頁。

では、信託法7条によって受託者適格が否定されている未成年者等を受託者として設定された信託は、どのように扱われるのだろうか。まず、こうした信託が信託契約によって設定された場合、通説は、信託は成立しないとしている。これに対し、こうした信託が遺言によって設定された場合、信託法6条1項を類推適用し、裁判所による新受託者の選任を認めることで信託を成立させるという見解が有力に主張されている。これは、遺言によって設定された信託はやり直しがきかないため、委託者の意思をできる限り活かすためにも可能な範囲で信託を成立させるべき、という考慮によるものである。[9]

(b) 目的信託の受託者についての制限

受益者の定めのない信託（法258条以下）、いわゆる「目的信託」については、経過措置として、信託法附則に受託者適格を制限する規定がある。すなわち、信託法附則3項は、「受益者の定めのない信託（学術、技芸、慈善、祭祀、宗教その他公益を目的とするものを除く。）は、別に法律で定める日までの間、当該信託に関する信託事務を適正に処理するに足りる財産的基礎及び人的構成を有する者として政令で定める法人以外の者を受託者とすることができない」と規定し、目的信託の受託者を一定の法人に限定している（受託者適格のある法人は信託法施行令3条に規定されており、国、地方公共団体および一定の要件をみたす法人に限られている）。このような経過措置が設けられているのは、目的信託が新しい形態の信託であることから、誰でも受託者になり得るとすると、執行免脱や財産隠匿等に濫用されるおそれを払拭できないためである。[10]

受託者適格を有しない者を受託者として設定された目的信託は無効であり、信託設定時には受託者適格を有していた受託者が信託の途中で受託者適格を失ったときは、受託者の任務は終了する。[11]

(ii) **信託業法上の定め**

(a) 「信託業」を営むには免許か登録が必要

信託業法は、3条において「信託業は、内閣総理大臣の免許を受けた者でな

---

9) 新井・前掲注8)201頁以下。
10) 永石一郎ほか編『信託の実務Q&A』（青林書院・2010）115頁以下。
11) 佐藤・前掲注2)341頁。

ければ、営むことができない」と定めている。他方において、同法7条1項は、「第三条の規定にかかわらず、内閣総理大臣の登録を受けた者は、管理型信託業を営むことができる」と定めていて、同法3条の例外となっている。つまり、「信託業」を営むには、内閣総理大臣の免許か登録が必要であるということである。[12]

(b) 「信託業」とは？

では、免許か登録が必要となる「信託業」とは何であろうか。信託業法2条1項は、「信託の引受け（他の取引に係る費用に充てるべき金銭の預託を受けるものその他他の取引に付随して行われるものであって、その内容等を勘案し、委託者及び受益者の保護のため支障を生ずることがないと認められるものとして政令で定めるものを除く。以下同じ。）を行う営業をいう」と定義している。括弧書きを飛ばして読むと、「信託の引受けを行う営業」が信託業ということになるから、信託業の何たるかを明らかにするにあたっては、「信託の引受け」と「営業」の意味を明らかにする必要がある。

① 「信託の引受け」

前者の「信託の引受け」については、受託者の立場から見て、委託者の信託の設定の意思表示に対してこれを引き受ける旨の意思表示を行い、信託関係を発生させることをいうとされている[13]。簡単にいうと、「受託者となること」であるから、信託業法が信託業を営むことのできる主体を免許ないし登録を受けた者に限っているということは、信託業法は、受託者適格を限定しているということを意味する。

② 「信託の引受け」から除外される行為

ところで、信託業法2条1項では、括弧書きに該当するものは「信託の引受け」から除外されている。「信託の引受け」から除外されるものは信託業法施行令1条の2に列挙されており、弁護士に関連するものとして、「弁護士又は

---

12) 同一グループ内信託（信託業法51条）やTLO信託（同法52条）、外国信託業者（同法53条、54条）あるいは金融機関の信託業務の兼営等に関する法律（いわゆる兼営法）1条に基づく内閣総理大臣の認可を受けた金融機関などが例外とされているが、本項の検討課題と関係がないので、詳細は割愛する。

13) 髙橋康文『詳解　新しい信託業法』（第一法規・2005）42頁。

弁護士法人がその行う弁護士業務に必要な費用に充てる目的で依頼者から金銭の預託を受ける行為その他の委任契約における受任者がその行う委任事務に必要な費用に充てる目的で委任者から金銭の預託を受ける行為」が挙げられている（同条1号）。

　弁護士は、依頼を受けた業務を遂行するため、依頼者から金銭を預かるという行為を日常的に行っている。たとえば、債務整理の委任を受けた弁護士は、債権者への弁済に充てるための金銭を依頼者から預かるが、これは、弁護士による金銭の信託の引受けであるという解釈も成り立つ[14]。そうすると、委任事務の報酬を得て、依頼者から金銭を預かるという行為を日常的に行っている弁護士は、信託業を営んでいるということになり、免許や登録を受けなければ信託業法違反なのではないか、という疑義が生じる。それを解消するため、「弁護士又は弁護士法人がその行う弁護士業務に必要な費用に充てる目的で依頼者から金銭の預託を受ける行為」は「信託の引受け」から除外されており、その結果、弁護士は免許や登録を受けていなくても、信託業法には違反しないということになる。

　逆にいえば、それ以外の形で弁護士が「信託の引受け」に該当する行為を行ってしまうと、信託業を行っているということになるおそれがあるのである。ただ、当該行為が「信託の引受け」に該当したとしても、次の③で述べる「営業」に該当しなければ、信託業にはあたらない。

　　　③　「営業」

　「営業」については、「営利の目的」をもって「反復継続」して行うことをいい、「営利の目的」とは、「少なくとも収支相償うことが予定されていること」を意味している、というのが金融庁の見解である[15]。また、「反復継続」に関しては、行為の回数のみならず、行為者の主観も併せて考慮すべきとされている[16]。

　よって、報酬を受け取って受託者となる行為を反復継続して行えば、信託業

---

[14]　最判平成15年6月12日民集57巻6号563頁における、深澤武久・島田仁郎両裁判官の補足意見参照。

[15]　2004年11月10日の第161回国会　衆議院財務金融委員会における政府参考人答弁。

[16]　小出卓哉『［逐条解説］信託業法』（清文社・2008）17頁。

を行っていることになってしまうし、報酬を受け取って受託者となるのが1回目であっても、反復継続して信託の引受けを行う意思を有していれば、やはり信託業に該当してしまうことになる。

ただし、弁護士業務がそもそも信託業法上の営業に該当するか否かについては、議論があり得るところである。この点については後記3(1)(i)において詳述する。

(c) 運用型信託業と管理型信託業

先ほど述べたように、信託業を営むには内閣総理大臣の「免許」が必要であるとされる一方で、信託業法7条1項により、「管理型信託業」については内閣総理大臣の「登録」で足りるとされている。よって、内閣総理大臣の免許が必要なのは、管理型信託業に該当しない信託業を営む場合である。

管理型信託業については、信託業法2条3項に定義があり、「委託者又は委託者から指図の権限の委託を受けた者……のみの指図により信託財産の管理又は処分……が行われる信託」（同項1号。いわゆる「委託者指図型管理型信託」）、または「信託財産につき保存行為又は財産の性質を変えない範囲内の利用行為若しくは改良行為のみが行われる信託」（同項2号。いわゆる「保存行為型管理型信託」）のいずれかの信託のみの引受けを行う営業をいうとされている。委託者指図型管理型信託の場合、受託者は、委託者（または委託者から指図の権限の委託を受けた者）の指図に従って信託財産の管理処分を行うことになるので、受託者の裁量権限が小さく、高度な運用能力は必要ない。また、保存行為型管理型信託についても、受託者は保存行為等のみを行うこととなるため、やはり裁量権限が小さい。こうしたことから、管理型信託業については、内閣総理大臣の登録で足りるとされているのである。

これに対し、管理型信託業以外の信託業（法令上の用語ではないが、一般に「運用型信託業」と呼ばれている）については、信託財産に関して高度な運用能力が求められることから、内閣総理大臣の免許が必要とされている。

(d) 信託業法違反の効果

以上を要するに、免許も登録も受けずに、報酬を得て、反復継続して信託の受託者となることは禁止されているということであり、これに違反した者に対

しては、3年以下の懲役もしくは300万円以下の罰金に処し、またはこれを併科するものとされている（信託業法91条1号）。

金融庁策定の「信託会社等に関する総合的な監督指針」3-6-5は、「信託会社の免許を取り消した場合においても、当然に受託者たる地位を失うわけではない」としており、免許も登録も受けていない者を受託者として設定された信託業法違反の信託も、有効であるという立場をとっている。[18]

3 弁護士は信託業法の適用を受けるのか？

上述のとおり、信託業法上の免許も登録も受けずに、報酬を得て、反復継続して信託の受託者となることは信託業法違反となるのが原則である。それでは、弁護士が信託業法上の免許も登録も受けずに受託者となり、報酬を得た場合にも、この原則に従い、信託業法違反となるのであろうか。

(1) 法令の文言等からの形式的解釈

(i) 信託業法・信託業法施行令の文言

先述のとおり、弁護士がその行う弁護士業務に必要な費用に充てる目的で依頼者から金銭の預託を受ける行為については、現行法令上、「信託の引受け」から明確に除外されているため（信託業法2条1項、信託業法施行令1条の2第1号）、弁護士がこれを反復継続して行っても信託業に該当しない。その反面、弁護士が、「弁護士業務に必要な費用に充てる目的以外の目的で依頼者から金銭の預託を受ける行為」、または「依頼者から金銭以外の財産の預託を受ける行為」については、現行法令上「信託の引受け」から明示的には除外されていない。そのため、弁護士がこうした行為を行えば、信託業に該当し、免許や登録を得ていない限り、信託業法に違反するおそれがある。

たとえば、民事信託の典型例として挙げた、高齢者の財産管理のための信託を弁護士が引き受け、高齢者から信託財産として①金銭の預託および②不動産

---

17) 金融庁「信託会社等に関する総合的な監督指針」（2011年9月）48頁〈http://www.fsa.go.jp/common/law/guide/shintaku.pdf〉。
18) これに対し、新井・前掲注8)201頁は、信託自体が無効になるという立場のようである。

の所有権の移転を受け、①については、委託者たる高齢者の毎月の生活費等に充て、②については、委託者たる高齢者の住居として管理する場合を考える。このうち、①委託者たる高齢者の毎月の生活費等に充てる目的で金銭の預託を受けることについては、そもそも、「他の取引に係る費用に充てるべき金銭の預託を受けるもの」や「他の取引に付随して行われるもの」(信託業法2条1項括弧書)に該当しない。また、②不動産の所有権の移転については、金銭以外の財産の預託であり、しかも「他の取引に付随して行われるもの」とはいえない。よって、①も②も、現行法上、信託業法における「信託の引受け」に該当してしまう。

　もっとも、弁護士がこうした行為を行っても、先述のとおり、それが「営業」に該当しなければ、信託業にはあたらない。よって、無報酬であったり[19]、反復継続性が認められなければ、信託業にあたらず、弁護士であっても適法に受託者となることが可能である。ここで、さらに進んで、「医師、弁護士、画家などの自由職業人が行う事業については、これらの職業の本来あるべき姿や、専門的技術や知識を要する個性的特徴を有する職業であることから、一般に営利目的で行われていることが否定される」という商法502条についての解釈を援用し[20]、「弁護士が報酬を得て、反復継続して受託者となっても、信託業法2条1項にいう『営業』には該当せず、信託業にも該当しない」と考える余地もある。ただ、商法と信託業法とは、立法目的を異にする別個の法律であるから、商法の「営業」の解釈がそのまま信託業法の「営業」の解釈に妥当するわけではない。弁護士が報酬を得て、反復継続して信託の引受けを行う行為について、信託業法上の「営業」に該当しないとするためには、信託業法の立法目的に対応した具体的な根拠を提示することが必要であると考える。

　そうすると、法令の文言から形式的に解する限り、弁護士が、「弁護士業務に必要な費用に充てる目的以外の目的で依頼者から金銭の預託を受ける行為」、または「依頼者から金銭以外の財産の預託を受ける行為」──民事信託の受託

---

[19] 「収支相償性」の理解の仕方によっては、無報酬であっても費用が全額支払われる場合、営業に該当し得ることに注意が必要である。

[20] 近藤光男『商法総則・商行為法〔第5版補訂版〕』(有斐閣・2008) 20頁。

者となるのは、これらに該当してしまうであろう——を、報酬を得て反復継続して行う場合、信託業に該当するという帰結になる。[21]

(ii) **立法の経緯**

立法の経緯に照らしても、少なくとも立案担当者および立法者は、上記(i)記載の形式的解釈を念頭に置いていたことは認めざるを得ない。

すなわち、2006年の信託法改正およびそれに伴う信託業法の改正にあたり、日本弁護士連合（以下「日弁連」という）は、「弁護士の法律事務に伴う信託」一般を明文で信託業法の適用除外とすべきとする数々の意見書を提出した。[22]しかし、上記のとおり、改正後の信託業法においては、「他の取引に係る費用に充てるべき金銭の預託を受けるもの」または「他の取引に付随して行われるもの」であることが、政令により「信託の引受け」から除外されるための前提条件とされた。さらに、信託業法施行令においては、弁護士業務に関しては、「委任契約における受任者がその行う委任事務に必要な費用に充てる目的で委任者から金銭の預託を受ける行為」に限定して適用除外とされた。このように、日弁連の意見書は、退けられる形となった。

また、改正信託業法・信託法のそれぞれにつき、衆参両議院の法務委員会で、福祉型信託の担い手として弁護士や社会福祉法人等の参入を幅広く検討するこ

---

[21] 信託業法施行令1条の2について、金融庁は、「委任契約や請負契約に付随して金銭の預託を受けるような場合にまで信託業法の適用をすることは妥当でないため、そのような場合に限り、信託業法を適用しないことを示したもの」という解釈を示しており（「信託法及び信託法の施行に伴う関係法律の整備等に関する法律の施行に伴う金融庁関係政令の整備に関する政令（案）」及び「信託業法施行規則等の一部を改正する内閣府令等（案）」に対するパブリックコメントの結果について（2007年7月13日）の別紙1「提出されたコメントの概要とコメントに対する金融庁の考え方」1頁〈http://www.fsa.go.jp/news/19/ginkou/20070713-1/01.pdf〉）、弁護士が民事信託を受託するようなケースをも適用除外とする趣旨ではないことは明らかである。

[22] 前掲注7）のほか、「信託法改正要綱試案に対する意見書」（2005年8月26日）〈http://www.nichibenren.or.jp/library/ja/opinion/report/data/2005_62_1.pdf〉、「『信託法及び信託法の施行に伴う関係法律の整備等に関する法律の施行に伴う金融庁関係政令等の整備に関する政令（案）』及び『信託業法施行規則等の一部を改正する内閣府令等（案）』に関する意見書」（日弁連業1第34号、2007年5月2日）〈http://www.nichibenren.or.jp/library/ja/opinion/report/data/070502.pdf〉がある。

とを今後の課題とする旨の附帯決議がなされた。[23]逆にいうと、これらの附帯決議は、弁護士が現行法令の下では福祉型信託の担い手として参入できないことを前提としたものであるといわざるを得ず、「弁護士が報酬を得て反復継続して民事信託を引き受ければ、信託業に該当する」という上記形式的解釈を根拠づける結果となっている。

(iii) まとめ

以上を踏まえると、信託業法の条文を文言に従って形式的に解釈する限り、弁護士が報酬を得て、反復継続して受託者の任を引き受けることは信託業に該当し、信託業の免許や登録を受けずに行うことは禁止されることになる。そして、後述のとおり、信託業の免許や登録は株式会社にのみ付与され、弁護士個人はもちろん、(弁護士法人を含め) 法律事務所がこれを取得することはできないから、弁護士が報酬を得て、反復継続して受託者の任を引き受けることは信託業法によって禁止される、というのが信託業法の条文の最も素直な解釈である。

(2) 解釈による適用除外の可能性[24]

文理解釈としてはそうだとしても、何とか弁護士が信託業法に違反せずに民

---

[23] 衆議院法務委員会 (2006年11月14日)、参議院法務委員会 (2006年12月7日)。「信託法案及び信託法の施行に伴う関係法律の整備等に関する法律案に対する附帯決議」の2。

[24] 以下で紹介する筆者の見解以外にも、次のような様々な解釈が提唱されている。①信託報酬は受領せず、信託行為以外の法律事務を受任することの対価として弁護士報酬を受領することにより、営業性を否定するという見解。これに対しては、信託業法の潜脱ではないかという疑問がある (民事信託研究会『民事信託の活用と弁護士業務のかかわり』 (財団法人トラスト60・2009) 51頁)。②信託業に該当する信託の引受けも弁護士法3条1項の「一般の法律事務」に含まれ、弁護士は免許等を受けなくても可能であるとする見解 (永石・前掲注10) 183頁)。これに対しては、弁護士法3条1項は単に弁護士の職務を定めたものにすぎず、これをもって信託業法の例外とみることは困難という批判があてはまる (民事信託研究会・前掲34頁)。③運用=投資を行わない信託については、信託業法は適用されないとする見解 (道垣内弘人『「預かること」と信託―『信託業法の適用されない信託』の検討」ジュリスト1164号 (1999) 81頁)。これは旧信託業法時代に提唱された「暫定的な試論」であるが、少なくとも管理型信託業も信託業法上の適用を受け、登録が必要とされている現行法の下においては、この解釈は成り立ち得ないものと思われる。

事信託の受託者となれるような解釈の余地はないだろうか。

(i) **基本的な考え方**

　信託業法をはじめとする業規制法は、利用者を保護するために様々な規制を設けている。ここで、ある業規制法Aが規制対象者aに対してαという規制を課しており、これに対して、他の業規制法Bが規制対象者bに対してβという規制を課している、という場合を考えてみる。規制βはクリアしているが、規制αはクリアしていない業者Xが、業規制法Aによって規制αをクリアした者にしか許されていない行為を行ったとしよう。形式的には、Xの行為は業規制法Aに違反する行為である。しかし、仮に規制αと規制βとが規制の趣旨において重なり合う部分があり、なおかつ、その趣旨を達成する手段として、規制βは規制αと比較して遜色ないとすれば、Xは規制βをクリアしている以上、規制αの趣旨は達成されている。よって、あえて規制αを形式的にクリアするよう求めることに意味はなく、それゆえ、Xの行為は業規制法Aに違反していない、と考えることができる。

　たとえば、薬剤師法は薬剤師でない者が販売または授与の目的で調剤することを禁止しているが（同法19条本文）、一定の場合には、医師が調剤することを許容している（同条但書）。これは、薬剤師法19条本文の趣旨（おそらく、患者の保護であろう）を達成するための代替規制が医師法に設けられているため、医師については一定の合理的必要性がある場合には調剤を許容してもよい、という判断によるものと思われる。

　そうすると、信託業法上の様々な規制について、その規制の趣旨を十分に達成できるような規制が弁護士業務関連規制（弁護士法のみならず、弁護士法に基づき制定された弁護士職務基本規程をはじめとする弁護士会の規則等を含む）にも存在するのであれば、弁護士が法律事務の受任に伴って行う民事信託の引受けは信託業法上の「営業」に該当せず、免許や登録を受けることなく行うことができる、と解する余地が出てくる。金融審議会金融分科会第2部会（第29回）・信託に関するWG（第16回）合同会合（2006年1月26日開催）において、担当官も、「他の取引契約や規制に基づき受託者義務の適切な遂行が確保し得る場合……については、信託業法による顧客保護が必要とされないことから、

信託業法の適用の対象外とすることも差し支えないと考えられる」と発言しているところである。[25]

(ⅱ) **弁護士には民事信託の受託者としての適性があること**

ところで、弁護士は、基本的人権の擁護・社会正義の実現を使命（弁護士法1条）とする法律専門職として、高度の専門性・廉潔性を求められている。

そして、弁護士業務については、弁護士法上の刑事罰（同法75条～78条）等、種々の行為規制が定められている。

さらに、弁護士業務については、強制加入の弁護士会の会規による規制がなされていて、とりわけ弁護士職務基本規程により、職務につき全般的に規制されている。こうした規制については、弁護士会の懲戒制度による制裁（除名・業務停止を含む）により、遵守が担保されている。

これに加えて以下の点も考慮すると、弁護士は、民事信託の受託者となるに相応しい専門的知識・能力・経験を十二分に備えているものと考えられる。

そうすると、民事信託の受託者が絶対的に不足している現状においては、弁護士の専門的知識・能力・経験を、民事信託の受託者として活用することは喫緊の課題である。

(a) 英米において、弁護士は信託の受託者となることが広く許容されていること

アメリカにおいては、各州法により具体的な規制は異なるものの、弁護士の法律事務に伴う信託は、許容されている。

また、イギリスにおいては、信託業に関する広範な参入規制自体が存在しない。

実際にも、英米において、弁護士は、家族間の財産承継、高齢者および障害者の財産管理を主たる目的とする信託の受託者として、重要な役目を果たしてきた。

(b) 弁護士は、信託の引受けに該当ないし類似する行為を行っていること

---

25) 議事録は、〈http://www.fsa.go.jp/singi/singi_kinyu/gijiroku/kinyu/dai2/20060126_roku.html〉。

わが国においても、弁護士は、従前より、日常的に反復継続して以下の(ア)〜(オ)のような、信託の引受けに該当する、あるいはこれに類似する行為を行ってきた。[26]

(ア) 法律事務の処理に要する実費を預かること
(イ) 依頼者が事件の相手方に支払うべき金銭または引き渡すべき財産を管理・処分すること
(ウ) 事件の相手方が依頼者に支払う金銭または引き渡す財産を代理受領して管理すること
(エ) 私的整理事件において債務の弁済に充てるべき依頼者の金銭その他の財産を管理・分配すること
(オ) 財産管理の依頼に基づいて依頼者の財産を管理・処分すること

ただし、上記のうち(ア)は、信託業法施行令1条の2ですでに手当され、「信託の引受け」から除外されている。また、(イ)〜(オ)については、依頼者により金額・使途を特定され、依頼者代理人名義で行ってきたものについては、厳密には信託の引受けとはいえないものと考えられる。

　(c) 弁護士業務には、民事信託の受託者の職務と親和性、同質性を有するものがあること

弁護士は、従前から、裁判所の選任により、破産管財人や成年後見人、相続財産管理人等の公的職務に就任し、その職務を遂行してきた。これらの職務は、現金、有価証券および不動産などの多様な財産により構成される他人の財産につき包括的な管理処分権を取得し、他人のためにこれを行使するという点において、民事信託の受託者の職務と高度の親和性、同質性を有する。

　(iii) **弁護士業務関連規制と信託業法との具体的な比較**

(ii)で述べたとおり、弁護士は、民事信託の受託者となるに相応しい専門的知識・能力・経験を十二分に備えており、こうした業務遂行能力・適性という点については、むしろ、通常の信託銀行・信託会社よりも優れているものといえる。

---

26) 前掲注22)日弁連意見書（2007年5月2日）2頁。

そこで、次に、(i)で述べた考え方に基づき、弁護士業務関連規制上の規制と信託業法上の規制を比較する。

　(a)　免許の基準との比較

前記 2 (2)(ii)(c)のとおり、信託業を行うには、運用型信託業の場合には内閣総理大臣の免許が、管理型信託業の場合には内閣総理大臣の登録が必要であるとされている。免許の基準は信託業法5条に、管理型信託業の登録の拒否基準は同法10条に定められているが、いうまでもなく、前者のほうが厳格である。そこで、運用型信託業の免許の基準を取り上げ、当該基準の趣旨を達成し得るような規制が弁護士業務関連規制に存在するかどうかを検討してみる。存在すれば、弁護士は免許を得ることなく、信託業に該当する信託の引受けもできるという解釈の余地が出てくる。

免許の審査基準（信託業法5条1項）や主要な拒否基準（同条2項）と、そのような基準が設けられた趣旨をまとめると、次頁の**図表1-1**および**図表1-2**のようになる。[27]

これを見ればわかるように、信託業法5条2項1号は、株式会社でないことを免許の拒否事由としており、株式会社以外には免許を与えないこととしている（管理型信託業の登録に関しても、同様の拒否基準が設けられている（同法10条1項1号））。弁護士はもちろん、弁護士が所属する法律事務所も株式会社ではないのであるから（弁護士法人も株式会社ではない）、この点ですでに、弁護士が信託業に該当する信託の引受けを行うのは不可能なのではないか、とも思える。

確かに、株式会社でない以上、弁護士や法律事務所が信託業の免許を取得することは不可能である。[28]しかし、信託業法が株式会社以外に免許を付与しないこととしている趣旨に鑑みて、弁護士についてはそのような規制を及ぼす必要がないといえるのであれば、仮に信託業の免許を受けていないとしても、弁護士が信託業を行うことは許されると考えることができよう。このことは、他の

---

27)　**図表1-1**および**図表1-2**中の「趣旨」の記載は、おおむね小出・前掲注16)50頁以下によった。

28)　もちろん、弁護士や法律事務所が株式会社を設立することにより、この規制をクリアして免許を取得することは可能である（そのような信託会社として、株式会社朝日信託がある）。

図表 1-1 免許の審査基準（信託業法 5 条 1 項）

審査項目	趣旨
業務方法書等の適合性（1号）	信託会社が適切な体制を整備していることを確保
財産的基礎（2号） ※純資産額が収支見込対象期間を通じて1億円（施行令3条）を下回らないこと（施行規則7条2号）	運用型信託会社については、その運用能力が余人をもって代えがたく、新受託者を選任することができない場合もあるため、できる限り運用型信託会社の破綻を避ける必要がある
人的構成および社会的信用（3号）	信託会社の業務遂行能力を確保

図表 1-2 主要な免許の拒否基準（信託業法 5 条 2 項）

拒否事由	趣旨
株式会社（①取締役会、および②監査役または委員会を置くものに限る）でない（1号）	安定的な継続性があり、機関間の相互監視機能に優れる株式会社に信託業の担い手を限定
資本金が1億円（施行令3条）に満たない（2号）	純資産規制とは別に最低資本金規制が課されているのは、信託業を安定的かつ継続的に行うには一定の長期投資が必要であること、資本金の取崩については会社法の厳格な要件が課されていることなどによる
不適格な兼業業務を営んでいる（7号）	信託会社は原則として専業制がとられており、兼業業務については、内閣総理大臣の承認を得た場合にのみ認められるため
会社や関係者に処分歴や犯歴等がある（5号・6号・8号以下）	不適格者の参入防止

審査基準や拒否基準についても同様である。重要なのは、審査基準や拒否基準から、信託業法が信託業の担い手に何を求めているのかを探究し、弁護士がそれを充たしているのかを検討することにある。

そのような視点で審査基準や拒否基準を見てみると、信託業法が信託業の担い手に求めているのは、大きくは以下の5点であると考えることができよう。[29]

(ア) 業務遂行能力

(イ) 財産的基礎

(ウ) 永続性

---

29) 管理型信託業の登録の拒否基準を定めた信託業法10条1項各号からは、同法が運用型信託業の担い手のみならず、管理型信託業の担い手に対しても、これらの点について期待していることがうかがえる。

(エ) 相互監視・内部統制
(オ) 専業制

これらのうち、(ア)の業務遂行能力に関しては、上記(ii)で述べたとおり、信託銀行や信託会社に比べて弁護士のほうが、民事信託における受託者業務を遂行する能力には長けているといえよう。[30]

また、弁護士が営利目的業務を営もうとする場合は、所属弁護士会に事前に届出を行うものとされており、届出を行った弁護士は、公衆の縦覧に供される営利業務従事弁護士名簿に記載される（弁護士法30条）。このように弁護士は、（信託業務ではないものの）法律事務に専念することが一定程度担保されており、一応、(オ)の専業制もクリアしていると見てよいだろう。

しかしながら、取締役会や監査役などの機関を持たず、また、（弁護士法人を除いて）法人格を持たず、資本金規制もない弁護士や法律事務所は、上記(イ)財産的基礎、(ウ)永続性、(エ)相互監視・内部統制に関して、制度的な担保が不足する面を有している。民事信託においても、信託期間がある程度長期にわたることが予想されることを考えると、受託者が途中で業務を継続できなくなる事態は避ける必要がある。よって、永続性は必要であるし、それを支えるための財産的基礎（万が一の場合の顧客への損害賠償原資としても重要である）も、決して軽視できない。また、弁護士には取締役会等の機関がない以上、機関間の監視という意味での「相互監視」を求めることはできないが、受託者の不正や暴走を防ぐための措置はやはり必要である。

(b) 規制との比較

信託業の免許ないし登録を受けた者（信託会社）は信託業を営むことができるが、だからといって（信託法の範囲内で）自由に信託業を営めるわけではない。信託業法には、信託会社に対する規制が多数設けられている。よって、仮にこの規制との比較において、弁護士業務関連規制上の規制や仕組みが劣って

---

[30] もっとも、弁護士は資産運用のプロではないため、有価証券投資などを目的とする信託を引き受けることは適切でない。だからといって、管理型信託業の範疇に収まる信託しか引き受けることができないとなると、いかに民事信託とはいえ、弁護士が引受け可能な信託の範囲が狭くなりすぎるように思われる。

いるようであれば、弁護士が信託業に該当する信託の引受けを行うことは、形式的にも実質的にも、信託業法に違反することになる。

次頁の**図表2**は、信託業法上の主な規制を取り上げ、それらの規制の趣旨を明らかにするとともに、規制の趣旨に照らして、それらの規制に代替し得る弁護士業務関連規制上の規制や仕組みが存在するかどうかを検討したものである。[31]

① 公的機関による監督

この表から見てとれるのは、1つには、信託業法上の規制のなかには、弁護士業務関連規制上の規制で代替し得るものがかなりあるということである。たとえば、信託業法では、信託会社の適切な業務運営を確保するという目的から、信託会社に対する内閣総理大臣の監督権限がいろいろな形で規定されている。[32]信託会社が減資（同法6条）、業務方法書の変更（同法13条）、合併等（同法36条～40条）をする場合には内閣総理大臣の認可等が必要であるし、内閣総理大臣による立入り検査等（同法42条）、免許の取消し、業務停止命令等（43条～45条）の権限も定められている。このように、信託業法には、公的機関による信託会社に対する監督が制度として設けられているわけであるが、弁護士の場合、弁護士会の懲戒制度による制裁（除名・業務停止を含む）により、弁護士職務基本規程等の遵守が担保されている。[33]よって、弁護士業務関連規制は、公的機関による監督という点において、信託業法上の規制と比較して不足するところはない。

② 受益者保護

他方において、弁護士業務関連規制には、「受益者保護」を直接の目的とした規定は存しない。

---

31) **図表2**中の「趣旨」の記載は、おおむね小出・前掲注16)の該当条文の解説によったが、信託業務の委託に対する規制（信託業法22条・23条）については、三菱UFJ信託銀行編著『信託の法務と実務〔5訂版〕』（金融財政事情研究会・2008）102頁によった。

32) その多くは、金融庁長官に委任されている（信託業法87条1項）。

33) 弁護士会・日弁連の綱紀委員会および懲戒委員会は、弁護士だけでなく、裁判官、検察官および学識経験者で構成されている（たとえば、日弁連の懲戒委員会は、弁護士8名、裁判官2名、検察官2名、学識経験者3名の計15名となっている。日本弁護士連合会会則69条の2）。

いうまでもなく、弁護士は、依頼者の委任を受けて法律事務を行うことを職務とする（弁護士法3条1項）。このため、弁護士職務基本規程22条1項に、「弁護士は、委任の趣旨に関する依頼者の意思を尊重して職務を行うものとする」と規定されるなど、依頼者の利益を擁護するという観点から設けられた規制は多数存在する。信託でいえば、依頼者は委託者であるから、委託者保護に役立つ規制は充実しているということになる。しかしながら、弁護士職務基本規程等の弁護士業務関連規制は、弁護士が受託者となった場合を念頭に置いて規定されているわけではないため、直接受益者について定めた明文の規定は存しない。

③　営業保証金制度

また、信託業法では、万が一の場合の顧客への損害賠償原資を確保するため、運用型信託会社については2500万円、管理型信託会社については1000万円の営業保証金の供託が義務付けられている（同法11条）。しかし、弁護士の業界にはそのような制度は存在しない。(a)で述べた財産的基礎の弱さの1つの表れともいえよう。

図表2　信託業法上の主な規制と弁護士業務関連規制上の規制等との比較

信託業法上の規制内容	趣　旨	対応する弁護士業務関連規制上の規制等
名義貸しの禁止（信託業法15条）	免許制度の潜脱が行われることを防止	非弁護士との提携自体が禁止されている（弁護士法27条、弁護士職務基本規程（以下「規程」という）11条）。
取締役の兼職の制限（信託業法16条）	高度の職務専念義務を課すことにより、委託者・受益者の保護を図り、信託財産と兼職先との間の利益相反行為をあらかじめ防止	利益相反行為が禁止されている（弁護士法25条、30条の18、規程27条、28条）。
専業制（兼業規制）（信託業法21条）	信託会社の適正・確実な遂行をはかるとともに、兼業業務からの経営リスクを抑制し、信託会社の財産の健全性を維持することで、受益者の保護をはかる。	弁護士が、営利目的業務を営もうとする場合は、所属弁護士会に事前に届出を行い、当該弁護士は営利業務従事弁護士名簿に記載される。当該名簿は公衆の縦覧に供される（弁護士法30条）。
信託業務の委託に対する規制（信託業法22条・23条）	免許制度の潜脱が行われることを防止	非弁護士との提携自体が禁止されている（弁護士法27条、規程11条）。

信託の引受けに係る行為準則（虚偽告知の禁止等）（信託業法24条）	・委託者に適切な情報を与える。 ・委託者が負うことのできないリスクをはらんだ信託契約を締結することを防止 ・信託会社の業務の的確な運営を確保	弁護士は、①原則として依頼者と金銭の貸借等をしてはならず（規程25条）、②依頼者に有利な結果となることを請け合い、または保証してはならず（同29条2項）、③依頼者の期待する結果が得られる見込みがないにもかかわらず、その見込みがあるように装って事件を受任してはならない（同条3項）、とされている。 ※委任契約に基づく善管注意義務（民法644条）による当然の帰結として、信託業法24条と同様の義務を負っているともいえる。
委託者に対する信託契約の内容の説明（信託業法25条）、信託契約締結時の書面交付（信託業法26条）	契約内容の説明をさせることで、委託者の保護を図り、適切な信託の引受けを確保	事件の見通し等についての説明義務（規程29条1項）、委任契約書の作成義務（同30条1項）が課されている。
受益者に対する財産状況報告書の交付（信託業法27条） ※信託法上の財産状況開示資料の上乗せとして、信託会社にその交付が義務付けられるもの34)	受益者保護	直接の明文規定はない。なお、事件処理の報告義務を課す規程36条は、依頼者（通常は委託者）に対する報告を義務付ける規定であり、受益者に対する報告を義務付ける規定ではない。 ただし、受益者に対して報告義務を果たしてほしいというのが依頼者（すなわち委託者）の意思であると解釈すれば、依頼者の意思を尊重すべしとする規程22条によって、弁護士は受益者に対して報告義務を負っていると解することができる。
忠実義務等（信託業法28条、29条） ※信託法と異なり、強行規定	信託会社と顧客との情報量・交渉力等の格差から、善管注意義務等を任意規定とした場合には、信託会社に過度に有利な信託契約となり、顧客保護に欠けるおそれがある。	直接の明文規定はない。対応するようにも思える規程21条〜23条、38条、39条は、依頼者（通常は委託者）に対する義務を定めたものであり、受益者に対する義務を定めたものではない。 ただし、受益者に対して忠実義務等を果たしてほしいというのが依頼者（すなわち委託者）の意思であると解釈すれば、依頼者の意思を尊重すべしとする規程22条によって、弁護士は受益者に対して忠実義務等を負っていると解することができる。
重要な信託の変更等についての規制（信託業法29条の2） ※公告または受益者に対する個別催告が必要。一定の場合には禁止	信託法上、重要な信託の変更等があった場合に害されるおそれのある受益者の保護は受益権取得請求（信託法103条）によって図られているが、それだけでは受益者保護に欠ける場合がある。	直接の明文規定はない。 ただし、受益者を害するおそれのある信託の変更等は行ってはならないというのが依頼者（すなわち委託者）の意思であると解釈すれば、依頼者の意思を尊重すべしとする規程22条によって、弁護士はそのような信託の変更等を禁止されていると解することができる。

---

34) 新井誠監修『コンメンタール信託法』（ぎょうせい・2008）166頁。

業務および財産の状況に関する説明書類の縦覧（信託業法34条）	信託会社自身の沿革・業務実態等を世間一般に開示することにより、世間一般からの監視を受けさせ、信託会社の営業規律を図り、また顧客が信託会社を選択するための一資料とする。	直接の明文規定はない。 ただし、弁護士である以上、法律事務を扱っているのは公知の事実であるから、業務に関する説明書類の縦覧は不要である、などとすることも考えられる。

(c) 信託会社と弁護士を比較した場合の問題点とその解決

以上のとおり、信託会社が受託者となる場合と弁護士が受託者となる場合を比較すると、弁護士が受託者となる場合については、以下の(ア)～(エ)の問題点が指摘できる（**図表1**および**図表2**を参照）。

(ア) 信託会社については、個々の役員・従業員の死亡・退職にかかわらず存続し、受託者が存在し続けるという意味において「永続性」が担保されるのに対して、弁護士については、死亡した場合受託者が欠けることとなり、「永続性」が担保されていない。

(イ) 信託会社については一定の「財産的基礎」が担保されるのに対して、弁護士についてはこうした「財産的基礎」が担保されていない。

(ウ) 信託会社については、信託業法上の明文で「受益者に対する義務」が定められているのに対し、弁護士については、「受益者に対する義務」についての明確な規程等が存しない。

(エ) 信託会社については、内部統制システムにより委託者・受益者を害する不正行為を抑止することが予定されているのに対し、弁護士については、そのような内部統制システムが要求されていない。

こうした問題点については、後記(iv)に記載したような様々な手段により解決することが考えられる。

もっとも、弁護士が受託者となる場合、信託契約締結に先行して信託契約案の作成に関する弁護士委任契約の受任者となるのが通常であると考えられる。そうすると、現在の弁護士業務関連規制の下でも、受託者たる弁護士は、信託契約案の作成に関する弁護士委任契約に基づく善管注意義務の一内容として、受託者を複数にするなどの後記(iv)記載の諸手段を信託契約の中に盛り込むこと

によって、委託者および受益者の保護を実現することを要求されているものと解することも可能である[35]。

また、受託者たる弁護士が信託法に定められた受益者に対する義務に違反する場合、当該義務違反行為については、特に新たな規程を設けなくても、信託契約に違反することにより弁護士職務基本規程22条1項に違反する、として対処することも考えられる[36]。

こうした解釈に立てば、少なくとも行為規制の点では、上記の問題点は解決できることとなる。

しかしながら、このように行為規制の内容を弁護士業務関連規制の一般条項の解釈により導く場合、当該規制が遵守されるかどうかは、個々の弁護士の信託についての知識・経験に事実上大きく左右されてしまうという問題点が残る。

(ⅳ) 弁護士が民事信託を受託するにあたり改善が望ましい事項

上記3(1)(ⅰ)のとおり、弁護士が報酬を得て、反復継続して民事信託を受託することについては、信託業法上「信託の引受け」に該当するものの、これが信託業法上「営業」に該当するか否かについては、解釈論上未解決の問題である。

そして、この問題を解決するためには、信託業法の目的のうち委託者および受益者の保護を実現するために十分な手当・規制が弁護士業につきすでに存するか否かという、実質的な観点からの検討が必要である。

弁護士が民事信託を受託するにあたって存在する上記(ⅲ)(c)記載の問題点への対応策としては、以下のような内容を盛り込んだ弁護士会の規則等を新設する、

---

35) 類似の例として、遺言書において遺言執行者を指定する場合、遺言書の文案作成を委任された弁護士は、遺言執行者の候補者の死亡に備えて、遺言書において、複数名の遺言執行者を指定する、あるいは、次順位の遺言執行者も指定する、といった助言をすることが少なくない。

36) 受託者たる弁護士が、信託法上の任意規定で定められた受益者に対する義務を、信託契約の文言により排除・軽減したとしても違法ではない。しかし、弁護士職務基本規程22条1項で「弁護士は、委任の趣旨に関する依頼者の意思を尊重して職務を行うものとする」と定められていることを根拠として、任意規定であっても信託法に定められた受益者に対する義務を信託契約において排除・軽減するのは依頼者（委託者）の意思に反し許されない、と解釈することは可能である。

あるいはこれらを既存の規則等に追加することが考えられる。[37]

こうした規則等の新設等を前提として、特別法により、弁護士による民事信託の受託を明文で認めることが、民事信託の受託者の確保、民事信託の委託者および受益者の保護ならびに法的安定性の観点から望ましいものと考える。[38]

(ア) 「永続性」について

一定人数以上の弁護士による共同受任を義務付ける（弁護士法人が受託する場合については、当該法人に一定人数以上の弁護士が所属していることを要件とする。なお、弁護士法人の社員は連帯無限責任である（弁護士法30条の15））。これにより、責任財産が増加するため、下記(イ)の点についても対応策となり得る。

弁護士が単独で受託者となる場合については、受託期間を短期に制限する、あるいは、死亡の場合に備えて次順位の受託者（信託会社または弁護士）を定めるものとする。

長期にわたる信託については、必ず複数の後順位の受託者を選任するものとする。あるいは、受託者たる弁護士が死亡した場合、弁護士会が作成した名簿から後任の受託者を指名することによる承継制度を設けることも考えられる。

(イ) 「財産的基礎」について

弁護士が受託するにあたり、一定額以上の弁護士賠償責任保険の加入を義務付ける。[39]

受託財産額を原則として一定額以下に限定する。

受託財産額に応じて、受託者たる弁護士の人数を増加することを要求する。

(ウ) 「受益者に対する義務」について

---

37) 日弁連は、前掲注7）日弁連意見書（2006年11月20日）5頁において、「法律事務に伴う弁護士による信託の引受けが信託業法の適用除外となる旨が明文化された場合には、当該信託の引受けに関する職務規定などが、会規として追加的に規定されることが見込まれる」と述べており、会規の改正等を予定していたことがうかがわれる。

38) 弁護士が法律事務に伴って行う民事信託の引受けが、そもそも信託業法2条1項の「営業」に該当しないという立場に立てば、こうした特別法は、確認的な意味を有するにすぎないことになる。

39) ただし、弁護士賠償責任保険では、弁護士の故意により生じた損害については保険会社は免責されるため、受益者に損害が生じる典型例の1つである受託者による横領の場合、保険金が支払われないという限界がある。

信託業法による規制と同様の規則等を新設する。

　(エ)　「不正行為の抑止」について

　一定額以上の信託については、弁護士会が、弁護士会作成の名簿から指名する信託監督人を選任することを義務付ける。

　(オ)　その他

　受託者となることのできる弁護士を、弁護士会が作成する受託者候補名簿に登録された者に限定する。当該受託者候補名簿の登録要件として、弁護士登録から5年間等の一定実務経験および弁護士会が実施する民事信託についての研修の履修等を要求する。

4　おわりに

　以上、本項では、現行法令において、はたして弁護士は受託者たり得るのか、そして弁護士が受託者となるについては、どのような問題点があり、当該問題点につきどのような解決策があるのかについて検討してきた。なかなか一筋縄ではいかない問題ではあるが、民事信託の発展のためには、弁護士が受託者たり得ることが明文で認められることが不可欠である。そしてそのためには、日弁連や弁護士会が、本項で提案したような規定を弁護士会の規則等に盛り込み、弁護士が受託者となることについて国民的な理解を得た上で立法に働きかける、という動きが欠かせないように思われる。2006年の信託業法の改正に際しては、残念ながら日弁連の意見は退けられる形となってしまったが、今後も日弁連の積極的な活動が期待される。

VI 信託の併合、分割または変更

1 総説――なぜ、信託の併合、分割または変更が必要か――

(1) はじめに

本書において検討している医療情報群の継続的な管理システムを構築していくにあたり、信託の併合、分割または変更（以下「信託の併合等」という）が必要となる。そこで、以下、それぞれ検討する。

(2) 医療情報群の継続的な管理システムの構築

(i) 総論

医療とは、第1章Iに記載されているとおり、人が人らしく生きていくために不可欠な社会システムであるため、社会が健全に持続していくためには、医療システムを健全に維持することが必要となる。その医療システムを支える医療情報については、個々の医療従事者、医療機関等に変動があろうとも、患者の命と健康を守るために、医療情報が持続的かつ安全に管理され、さらに、医療情報を持続的に活用できる態勢が整っていることが必要である。

医療データを持続的かつ安全に管理し、さらに、持続的に活用できる態勢を整えるためには、医療情報を医療機関内に保存しておくのではなく、クラウド事業者のデータセンタ等に保存することが必要である。

このことは、2011年3月11日の東日本大震災において、顕著に現れた。東日本大震災およびそれに伴う大規模な災害により、被災した医療機関内に保存されていた医療情報を利用して診療を行うことができなくなってしまった。被災した医療機関の中には、カルテが津波に流されて野ざらしになってしまったものもあった[1]。これに対して、同様に被災した石巻市立病院では、電子カルテ情

---

1) 河北新報「『究極の個人情報』野ざらし　カルテ流失　回収手詰まり」（2011年5月8日）〈http://www.kahoku.co.jp/spe/spe_sys1062/20110508_06.htm〉参照。

報を山形市立病院済生館と共有していたため、早期に診察を再開することができたとのことである[2]。

このように、医療情報を医療機関内のみに保存するべきではなく、クラウド事業者等のデータセンタ等に保存するべきである。この際に用いられる法的な仕組みとして、信託が有用であることについては、第2章II、IIIに記載されているとおりである。

しかし、各医療機関がクラウド事業者等のデータセンタに医療情報を保存するのみでは、医療情報を持続的に活用できる態勢が整ったとはいえない。なぜなら、患者、医療従事者等は移動をし、1箇所に留まっているわけではないことを考慮すると、他の医療機関が当該医療情報を利用することができなければ、医療情報を持続的に活用することができないからである。

したがって、理想的であるのは、すべての医療機関が、一斉に、適切な情報セキュリティ[3]を有する複数のクラウド事業者に対して医療情報群を信託して、当該クラウド事業者らが相互バックアップを協定し、医療情報をすべての医療機関において利用することができるようにすることである。

しかし、上記の信託を達成するためには、国家的な大プロジェクトが必要となるところ、これまでにそのような動きはみられず、また、医療情報の外部保存に対する各医療機関の足並みが揃っているとはいいがたいため、今後、数年のうちに、このような国家的な大プロジェクトが動き出すことは考えがたい。

したがって、現実的には、まずは各医療機関が、適切な情報セキュリティを

---

[2] 日本経済新聞2011年5月12日夕刊9面「平時の備えが奏効 拠点病院に無線 電子カルテ共有」参照。

[3] JIS Q 27002の「用語及び定義」において、情報セキュリティとは、「情報の機密性、完全性及び可用性を維持すること。さらに、真正性、責任追跡性、否認防止及び信頼性のような特性を維持することを含めてもよい」と定義されている。そして、JIS Q 13335-1において、真正性は、「ある主体又は資源が、主張どおりであることを確実にする特性」、責任追跡性は、「あるエンティティの動作が、その動作から動作主のエンティティまで一意に追跡できることを確実にする特性」、否認防止は、「ある活動又は事象が起きたことを、後になって否認されないように証明する能力」、信頼性は、「意図した動作及び結果に一致する特性」とそれぞれ定義されている。中尾康二ほか『ISO/IEC 17799：2005（JIS Q 27002：2006）詳解 情報セキュリティマネジメントの実践のための規範』（日本規格協会・2007）51頁以下参照。

有するクラウド事業者に医療情報群を信託し、当該医療機関が他の医療機関が医療情報を適切に管理していることを確認した上で、当該他の医療機関による自己の医療情報へのアクセスを認めることが考えられる。

この際に、以下に記載する信託の併合等が利用される[4]。

(ii) 信託の併合

まず、信託の併合[5]により、他の医療機関からも医療情報へアクセスできるようにすることができる（図表1）。たとえば、A医療機関がXクラウド事業者に医療情報群を信託しており、B医療機関がXクラウド事業者に医療情報群を信託していたとする。この場合に、A医療機関とB医療機関が、A医療機関とXクラウド事業者との間の信託と、B医療機関とXクラウド事業者の間の信託を併合して、新しい1つの信託とすることが考えられる。このように信託を併合することにより、A医療機関とB医療機関は、相手方が信託している医療情報群についてもアクセスすることができるようになるのである。

ただし、信託の併合をするためには、各医療機関は、事前に他の医療機関が医療情報を適切に管理していることを確認しなければならないと考えるべきである。本章Ⅲ記載のとおり、医療機関がクラウド事業者に医療情報群を信託する目的は、①患者が自己の医療情報にaccessibleであること、②患者が自己の医療情報を不当に利用されないこと、および、③医療機関が患者の医療情報にaccessibleであることであるところ、信託の併合は、①・③の目的の観点か

---

4) 医療情報群の信託の受託者となるクラウド事業者は、その管理する医療情報群のフォーマルな管理を、さらに倒産可能性がなく、中立的な第三者機関に委託するという仕組みを構築することが考えられる。第三者機関への具体的な委託形式としては、第三者機関を後記の受益者代理人に選任するという形や、第三者機関へ再信託するという形をとることなどが考えられる。このうち再信託するという形をとる場合、委託者たる医療機関が受託者たるクラウド事業者に医療情報群を預ける段階の信託と同様に、信託の併合等を行うべき事態が想定されるであろう。しかし、当該再信託における受益者にも、少なくとも患者個人が含まれると思われるが、これは委託者たる医療機関が受託者たるクラウド事業者に医療情報群を預ける段階の信託と類似した状況であるから、これらの仕組みに伴う問題とその解法は同じ枠組みとなるものと考えられる。したがって、本文では、第三者機関への再信託に伴う問題とその解法についての論述を省略する。

5) 信託の併合とは、受託者を同一とする二以上の信託の信託財産の全部を1つの新たな信託の信託財産とすることをいう（法2条10項）。

図表 1　信託の併合と信託の分割

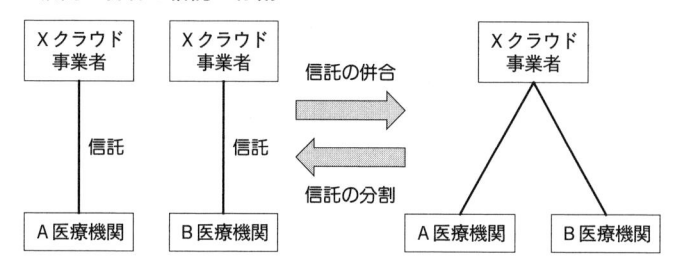

[図：XクラウドとA医療機関・XクラウドとB医療機関の2つの信託が「信託の併合」によって1つのXクラウド事業者がA医療機関・B医療機関から信託を受ける形に統合され、「信託の分割」によって再び分離される様子を示す]

らは望ましいものの、②の目的の観点からは必ずしも望ましいとはいえない。そこで、医療機関が他の医療機関に自己の医療情報へのアクセスを許可する場合には、②の目的の観点から、当該他の医療機関において医療情報が適切に管理されていることを事前に確認することが必要であると考えるべきである。

(iii) 信託の分割

次に、信託の分割により、複数の医療機関の信託を分割させることができる[6]（図表 1）。たとえば、A医療機関とB医療機関が1つの信託に基づきXクラウド事業者に医療情報群を信託している場合において、B医療機関で医療情報の管理が適切に行われていないことをA医療機関が知ったときは、A医療機関は、信託の分割を行うことにより、B医療機関から医療情報へアクセスすることができないようにするべきである。なぜなら、本章Ⅲ 2 (3)(i)記載のとおり、医療機関がクラウド事業者に医療情報群を信託する目的は、①患者が自己の医療情報に accessible であること、②患者が自己の医療情報を不当に利用されないこと、および、③医療機関が患者の医療情報に accessible であることであるところ、B医療機関において医療情報の管理が適切に行われていない場合には、②の目的の観点からB医療機関にアクセスを認めるべきではないからである。[7]

---

[6]　信託の分割とは、ある信託の信託財産の一部を受託者を同一とする他の信託の信託財産として移転する吸収信託分割、または、ある信託の信託財産の一部を受託者を同一とする新たな信託の信託財産として移転する新規信託分割をいう（法 2 条11項）。

[7]　また、複数の医療機関が 1 つの信託をしている場合において、受託者であるクラウド事業者を変更すること等について医療機関の間で意見の調整がとれない場合において、信託の分割という方法をとることも考えられる。

なお、信託の分割は、本来、上記①・③の目的の観点からは望ましくない。なぜなら、信託の分割がなされると、上記の例において、患者がB医療機関で診療を受ける際に、A医療機関が保存している自己の医療情報を利用できなくなってしまうからである。しかし、上記B医療機関において医療情報群の管理が適切に行われていないことが明らかになった場合には、②の目的が優先されるべきであると考える。

(iv) 信託の変更

さらに、信託の変更により[8]、上記(ii)の信託の併合の場合のように、他の医療機関からも医療情報へアクセスできるようにすること、および、上記(iii)の信託の分割の場合のように、それまでアクセスを認めていた他の医療機関からのアクセスを認めないようにすることができる（図表2）。

まず、前者について検討する。たとえば、A医療機関がXクラウド事業者に医療情報群を信託しており、B医療機関がYクラウド事業者に医療情報群を信託していたとする。この場合において、A医療機関が、Xクラウド事業者との間の信託の内容の変更をして、B医療機関からもアクセスできるようにすることが考えられる。

このように、信託の変更においては、信託の併合の場合と異なり、A医療機関の医療情報群にB医療機関はアクセスすることができるものの、B医療機関の医療情報群にA医療機関はアクセスすることができないという状況も生じ得る。ただし、通常は、互いにアクセスすることができるように、それぞれの信託の内容を変更することとなるものと思われる。

信託の変更をするためには、上記(ii)の信託の併合の場合と同様の理由から、各医療機関は、事前に他の医療機関が医療情報を適切に管理していることを確認しなければならないと考えるべきである。

次に、後者について検討する。たとえば、A医療機関がXクラウド事業者に医療情報群を信託しており、B医療機関がYクラウド事業者に医療情報群を信

---

8) 信託の変更とは、信託行為に定められた信託の目的、信託財産の管理方法、受益者に対する信託財産の給付内容その他の事項について、事後的に変更を行うものである。寺本昌広『逐条解説新しい信託法〔補訂版〕』（商事法務・2008）339頁。

図表2　信託の変更

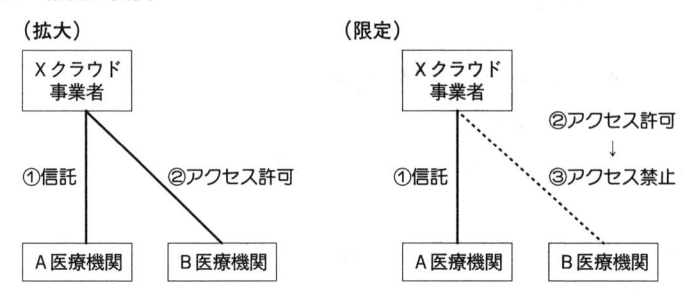

（拡大）

```
    Xクラウド
    事業者
   ／      ＼
 ①信託    ②アクセス許可
 ／          ＼
A医療機関――B医療機関
```

（限定）

```
    Xクラウド
    事業者          ②アクセス許可
   ｜      ＼            ↓
 ①信託    （点線）   ③アクセス禁止
 ｜           ＼
A医療機関    B医療機関
```

託していた場合において、B医療機関で医療情報の管理が適切に行われていないことをA医療機関が知ったときは、上記(iii)の信託の分割の場合と同様の理由から、A医療機関は、B医療機関から医療情報群へアクセスすることができないようにするべきである。その際に、A医療機関が、Xクラウド事業者との間の信託の内容の変更をして、B医療機関から医療情報群へアクセスできないようにすることが考えられる。

(v) 小　括

このように、医療情報を適切に管理し、かつ、医療情報を持続的に活用できる態勢を整える手段として医療情報群の信託を利用する場合には、個々の医療機関が個々のクラウド事業者に医療情報群を信託し、これらの信託を、順次、併合、分割または変更していくという方法が考えられる。この際の枠組みおよび理論について、後述の「2　信託の併合等の方法」において検討する。[9]

---

[9] 研究開発は、第1章記載のとおり、社会の維持と発展のために不可欠である。研究開発においては、各研究開発ごとに参加者が異なるため、研究開発の途上で得られる情報は、人を越え、グループを越え、機関を越えて引き継がれなければならない。しかしながら、このような情報の引継ぎが行われていないのが現状である。この際に用いられる法的な仕組みとして、信託が有用であることについては、第3章II記載のとおりである。そこで、研究開発への参加者、関連する従前の研究開発等の具体的な事情を考慮して、それまでの信託の併合等が利用される。

また、良好な住環境は、私たちの持続的な営みの基盤となるものである。この良好な住環境に用いられる法的な仕組みとして、信託が有用であることについては、第4章記載のとおりである。しかし、良好な住環境を作出、維持するにはある程度の時間がかかり、実際には、少数の有志が個々の財産や権利などを信託するところから開始して、順次参加者を拡大し、

2 信託の併合等の方法

(1) 信託の併合等の意思決定（問題の所在）

(i) 信託法上の規制について

信託法は、信託の併合等を行う方法を、次のように定めている。

(a) 原則的方法[10]

委託者、受託者および受益者（受益者が複数の信託においてその全員）の合意によってすることができる。

(b) 信託の併合等に共通する例外的方法[11]

 i 信託の目的に反しないことが明らかであるときは、受託者および受益者の合意によってすることができる。

 ii 信託の目的に反しないことおよび受益者の利益に適合することが明らかであるときは、受託者の書面または電磁的記録によってする意思表示によってすることができる。

 iii これらの場合において、受託者は、iの方法によるときは委託者に対して、iiの方法によるときは委託者および受益者に対して、遅滞なく、信託法に定める事項を通知しなければならない。

(c) 信託の変更の例外的方法（法149条3項）

 i 受託者の利益を害しないことが明らかであるときは、委託者および受益者による受託者に対する意思表示によってすることができる。

 ii 信託の目的に反しないことおよび受託者の利益を害しないことが明らかであるときは、受益者による受託者に対する意思表示によってすることができる。なお、iiの方法によるときは、受託者は、委託者に対し、

良好な住環境の作出・維持が成功した後に、全体の権利をまとめて信託財産とするという形をとることが現実的である（第一東京弁護士会司法研究委員会編『社会インフラとしての新しい信託』（弘文堂・2010）136頁）。この際に、信託の併合等が利用される。

10) 信託の変更について、法149条1項。信託の併合について、法151条1項。吸収信託分割について、法155条1項。新設信託分割について、法159条1項。

11) 信託の変更について、法149条2項。信託の併合について、法151条2項。吸収信託分割について、法155条2項。新規信託分割について、法159条2項。

遅滞なく、変更後の信託行為の内容を通知しなければならない。

このように、信託法が定める方法によって信託の併合等を行う場合、何かしらの形で、委託者、受託者および受益者の三者全員が手続に関与することが予定されている。

　(ii)　委託者、受託者および受益者

信託の併合等の手続を検討する場合、その前提として、委託者、受託者および受益者が誰であるかを確定することが必要となる。以下では、医療機関とクラウド事業者との間の医療情報群の信託の併合等がなされることを前提として検討することとし、これまで検討してきたとおり、委託者は医療機関（詳細については、本章Ⅲ参照）、受託者はクラウド事業者（詳細については、本章Ⅴ参照）、そして、受益者は医療機関および患者である（詳細については、本章Ⅳ参照）ことを前提として、以下、検討する。

　(iii)　信託の併合等の手続上の障害

さて、すでに述べたように、信託の併合等を行う際には、原則として委託者、受託者および受益者の合意が必要となる。すなわち、委託者兼受益者たる医療機関、受託者たるクラウド事業者、および受益者たる患者個人の同意が必要となる。

この点、委託者兼受益者たる医療機関については、当該医療機関が信託の併合等を主体的に進めるものと思われるから、同意を取り付けることはさほど困難ではないであろう。また、受託者たるクラウド事業者にとっては、信託の併合等により特段不利益を受けるわけではないため、医療機関からの求めがあれば、信託の併合等について同意するものと思われる。

これに対して、受益者たる患者は膨大な数であるから、すべての患者から同意を取り付けることは極めて困難である。

このように、信託の併合等について、委託者兼受益者たる医療機関および受託者たるクラウド事業者からの同意を取り付けることは可能であると思われる一方で、受益者たるすべての患者から個々に同意を得ることは極めて困難である。

そこで、受益者たるすべての患者から個々に同意を得ることなく、信託の併

合等を実現するための方法（理論的な枠組み）について、以下検討する。具体的には、受益者代理人を選任する方法、信託行為に別段の定めを設定する方法、患者個人の同意を不要する理論構成、信託の終了後の再度信託による方法、目的信託および公益信託について各々検討する。

(2) 受益者代理人の選任
 (ⅰ) 受益者代理人の制度
 (a) 受益者代理人制度の概要

受益者代理人（法138条ないし144条）の制度は、2006年信託法改正において新設された。受益者代理人は、信託行為の定めによって選任され、その代理する受益者のために当該受益者が有する信託法上の一切の権利を行使する権限を有する者であり、受益者の利益を保護するとともに、受託者の信託事務を円滑に処理することを可能にする。そして、受益者代理人は、受益者が現に存する信託で、受益者が頻繁に変動する場合、受益者が不特定多数に及ぶ場合、受益者は単なる投資の対象として信託の利益を享受すること以外に受益者に権利を積極的に行使することが期待できない場合等、受益者による信託に関する意思決定や受託者の監督が事実上困難であるときに選任されることが想定されている。

 (b) 受益者代理人の権限

受益者代理人は、原則として、その代理する受益者のために当該受益者の権利に関する一切の裁判上または裁判外の行為をする権限を有する。そして、この当該受益者の権利に関する一切の権限には、信託の併合等に関する権限も含まれている。

他方で、受益者代理人が選任されると、当該受益者代理人に代理される受益者は、法92条各号に掲げる単独受益権と信託行為において定めた権利を除き、信託に関する意思決定に係る権利を行使することができなくなる（法139条4項）。

 (c) 小 括

したがって、信託行為において、受益者代理人を選任しておくことにより、多数の利害関係者、とりわけ受益者たる患者の関与なしで、信託の併合等に関

する意思決定手続を行うことができる。

(ii) **受益者代理人たり得る者**

では、誰を受益者代理人に選任するべきであろうか。以下では、受益者代理人として医療機関を選任した場合、および、医療情報の保護を専門とする第三者機関を選任した場合のメリットおよびデメリットについて検討する。

(a) 委託者兼受益者たる医療機関

① メリット

医療機関は、クラウド事業者に医療情報群を信託する前提として、本章Ⅲ記載のとおり、患者との間の医療契約または信認関係に基づき、患者自身の健康、治療のために、患者の医療情報を預かっているのであるから、医療機関は、かかる医療契約または信認関係に基づいて、患者の医療情報を第三者に不正利用されないよう適切に管理する義務を負っている。また、クラウド事業者に医療情報群を信託することで、医療機関自身、患者に対する適切な治療が可能となる利益が生じるため、医療機関には、クラウド事業者や他の医療機関が医療情報の適切な管理をすることで医療情報群の信託の枠組みを維持する動機づけがある。したがって、医療機関は、受託者たるクラウド事業者が医療情報を適切に管理しているかについて強い関心と利害関係を有している。そのため、医療機関を受益者代理人とすることにより、受益者代理人の権限に基づき適切に信託の併合等が行われ、受益者全体の利益が図られるというメリットがある。

② デメリット

ただし、医療機関が、患者個人の利益よりも医療機関自身の利益を優先するような行動をとり得る場面もある。たとえば、医療過誤の問題が生じた場合や、セカンドオピニオンを求められる状況になった場合である。このような場合には、たとえば、法141条2項が準用する法58条3項により、受益者代理人を解任する権限を第三者機関に与えるという定めを設けること等が考えられる。

また、複数の医療機関が1つの信託に参加することになった場合には、どの医療機関を受益者代理人とすることが適切であるかについても検討することが必要である。また、仮に、委託者たる医療機関すべてを受益者代理人とした場合には、受益者代理人が複数存在することになるから、受益者代理人の意思決

定方法を整備しておくことも必要となる。

　さらに、医療機関の意思決定は、理事会や評議員会の決定によってなされるが、必ずしも迅速な決定がなされるとは期待しがたい。一度情報が流出すると、その損害は急速に拡大していくことが予想されることからすれば、医療情報の流出等の危険が生じた場合には、受益者代理人による早急な判断が求められることとなるが、医療機関を受益者代理人とした場合、早急な意思決定を行えるか、疑問がある。

　なお、医療機関の統廃合は頻繁に行われていることにも、留意が必要である。受益者代理人としての実務担当者が、医療機関の統廃合により変更ないし競合されることによって、円滑な意思決定を阻害してしまうおそれもあろう。

　(b)　医療情報の保護を専門とする第三者機関
　①　メリット

　医療情報の保護を専門とする第三者機関を受益者代理人とする場合には、受託者であるクラウド事業者による医療情報の管理が適切であるかについて、専門的な知見を活かした判断をすることができるというメリットがある。

　また、中立的な第三者機関を受益者代理人とすると、公平性が担保されるというメリットがある。

　さらに、医療情報の保護を専門とする第三者機関であれば、迅速な意思決定を期待できる。

　②　デメリット

　第三者機関を別途定めることにより、費用がかかるというデメリットがある。

　また、具体的に、誰を「医療情報の保護を専門とする第三者機関」とするかという点や、当該第三者機関の医療情報管理者としての質をどのように確保するか、といった点が問題となる。

　そこで、別途医療クラウドをターゲットにした特別法を制定し、第三者機関の設立、運営、権限および監督を法律上明確にすることが、より望ましいだろう。

(3) 別段の定めの設定

(i) 別段の定めの制度

　信託法は、信託の併合等の意思決定手続について、信託行為に別段の定めがあるときは、その定めによると規定する[12]。

　したがって、信託行為において、たとえば、信託の併合等は、委託者と受託者との合意により行うことができる旨や、特定の第三者の決定により行うことができる旨を定めておくことにより、多数の利害関係者、とりわけ多数の受益者たる患者の関与なしで、信託の併合等に関する意思決定手続を行うことができる。

　また、信託の併合等の際に課されている個別の通知義務についても[13]、受益者らへの通知を免除する旨を定めておけば、受益者である患者個人に対する個別の通知は不要となる。

　なお、信託行為における別段の定めの内容は、無制限に定めることができるのかという問題がある。この点については、信託法改正の審議の過程において、受益者が受託者に比較して相対的に弱い地位にあることを考慮すれば、その地位を保護する必要があるのではないかとの問題意識から、特段の定めの内容に一定の限界を設けるべきとの指摘もあったものの、最終的には、信託法上は制限を設けないこととした上で、受益権取得請求権等の単独受益権（法92条等）を認めることにより、受益者の利益を図ることができるという考えの下、別段の定めの内容に、明文の制限を設けないことになったようである[14]。

(ii) 考えられる別段の定め

　具体的に想定される「別段の定め」としては、

　　i　委託者兼受益者たる医療機関の決定により、信託の併合等を行うことができる旨の定め

---

[12]　信託の変更について、法149条4項。信託の併合について、法151条3項。吸収信託分割について、法155条3項。新規信託分割について、法159条3項。

[13]　信託の変更につき法149条2項および3項。信託の併合につき法151条2項。吸収信託分割につき法155条2項。新規信託分割につき、法159条2項。

[14]　法務省民事局参事官室「信託法改正要綱試案　補足説明」（2005年7月）144頁〈http://www.moj.go.jp/content/000011802.pdf〉参照。

ⅱ　第三者として医療情報の保護を専門とする第三者機関の決定により、
　　信託の併合等を行うことができる旨の定め
が考えられるだろう。

　これらの別段の定めを置いた場合のメリットおよびデメリットは、受益者代理人として医療機関ないし第三者機関を置いた場合と同様である。

(4) 患者個人の同意を不要とする理論構成

(ⅰ) 患者個人の同意の必要性

　医療情報群の信託の併合等を行う場合に、受益者たる患者個人の同意を不要とする理論構成は考えられないだろうか。

　その前提として、医療情報群の信託の併合等を行う場合の患者個人の同意の必要性について、改めて検討してみたい。

　本章Ⅲ記載のとおり、医療機関がクラウド事業者に医療情報群を信託する際の信託の目的は、①患者が自己の医療情報に accessible であること、②患者が自己の医療情報を不当に利用されないこと、③医療機関が患者の医療情報に accessible であること、の3点にあると考えられる。信託の併合等が行われた場合において、受益者たる患者が受ける不利益としては、上記1(2)(ⅱ)ないし(ⅳ)記載のとおり、(α)①に関して、信託の分割または信託の変更により、自己の医療情報の利用が限定されること（たとえば、患者が、A医療機関が保存している自己の医療情報をB医療機関で利用できなくなること）、および、(β)②に関して、信託の併合または信託の変更により、自己の医療情報に対して不適切な医療機関からアクセスされること（たとえば、A医療機関が保存している患者の医療情報に対して、医療情報の管理が不適切であるB医療機関にアクセスされること）が想定されるところである。この(α)および(β)の患者の不利益があるからこそ、医療情報群の信託の併合等において受益者たる患者の同意が必要とされているのである。

(ⅱ) 信託契約締結時の問題

　ところで、医療機関がクラウド事業者に対して医療情報群を信託する際には、受益者として想定される患者個人の同意も、患者個人への通知も不要であり、

医療機関とクラウド事業者との間の契約によって医療情報群の信託がなされる（法3条1号）。

しかし、実際には、医療機関とクラウド事業者との間における信託がされる際、すでに、(α)および(β)の患者個人の不利益と類似する不利益が発生し得る状態にある。

すなわち、A医療機関とB医療機関がXクラウド事業者に医療情報群を信託する交渉を進めていたところ、A医療機関の経営者の個人的な理由によって、A医療機関が医療情報群の信託をしないこととなり、その結果B医療機関とXクラウド事業者のみの信託となった場合、A医療機関を受診していた患者個人は、B医療機関を受診した際、自己の医療情報にアクセスすることができない結果となる。これは、(α)の不利益に類似する。

また、A医療機関とB医療機関がXクラウド事業者に医療情報群を信託することとなったが、実はB医療機関は患者の医療情報の管理が不適切で、B医療機関が取得した患者の医療情報が流出する危険がある場合、A医療機関に自己の医療情報を預けている患者個人は、自己の医療情報の流出の危険にさらされる。これは、(β)の不利益に類似する。

このように、医療機関とクラウド事業者との間の信託には、受益者として想定される患者個人にとっての不利益が生じる危険を内包している。そのため、そもそも医療機関とクラウド事業者との間の信託が、いかなる理論的根拠をもって正当化されるのか、言い換えれば、医療情報群の信託をする場合に、医療機関が委託者となり得るのはなぜか、という点にさかのぼって検討する必要があろう。

(iii) **医療情報群の信託の二重構造**

(a) 本章Ⅲ記載のとおり、医療情報群の信託は、患者から医療機関に対する信託類似の関係と、医療機関からクラウド事業者に対する信託の二重構造になっている。すなわち、まず、患者と医療機関との間で診療契約または信認関係（この法的性質については本章Ⅲ参照）が認められ、その診療契約または信認関係に基づいて、医療機関が医療情報を取得し、医療機関はかかる医療情報を集積した医療情報群をクラウド事業者に信託するのである。

(b) この、患者と医療機関との間の診療契約または信認関係の段階で、患者は医療機関に対し、自己の医療情報を適切に管理するための包括的権限を与えていると考えられないか。

　ⅰ　そもそも、患者は当該医療機関との診療契約または信認関係に基づいて医療機関に自己の医療情報を託している。また、医療情報が適切に管理されているかの監督を患者個人が行うことには限界があるから、患者は自己の医療情報が適切に管理されることを望むものの、実際の管理方法については医療機関を信用し、医療機関に任せているというのが事態に合っているのではなかろうか。これらの点を考慮すると、患者が医療機関に対して、自己の医療情報を適切に管理するための包括的権限を与えていると考えることには合理性があり、実態にも適合しているように思われる。

　ⅱ　もっとも、医療機関と患者の利害が対立するような場合にまで、医療機関に医療情報の管理を任せることは、患者は想定していないだろう。そのため、包括的権限といっても無制約に管理を委ねる権限ではなく、医療機関と患者の利害が対立する場合には、第三者機関による適切な監督に服することを条件とするものであると考えるべきである。

(c) このように、患者が医療機関に対し、自己の医療情報を適切に管理するための条件付きの権限を与えていることを根拠として、医療機関は医療情報群の信託に関する委託者たり得るものと思われる。

(ⅳ) **医療情報の信託と患者個人の同意**

以上のように、患者が医療機関に対し、自己の医療情報を適切に管理するための条件付き権限を与えていると考えれば、医療機関とクラウド事業者との間の医療情報群の信託において、医療機関が患者個人の利益を代理する受益者代理人の立場に立つと考えることや、信託行為に医療機関が信託の併合等に関する決定権限を有するという別段の定めを読み込むことも可能となろう。

いずれにせよ、上記を前提とすれば、信託の併合等は、患者個人の同意を得ずに、また患者個人への通知なしで行い得ることとなる。

なお、医療機関の権限の内容を、医療機関と患者の利害が対立する場合には

第三者機関による適切な監督に服するという条件付きのものと解している以上、特別法によって、医療機関を監督する第三者機関を設置することが望ましいと思われる。

(5) 信託の終了後の再度信託

信託の併合等とは別の方法として、医療機関とクラウド事業者との間の医療情報の信託をいったん終了させて、あらためて信託する方法が考えられる。

もっとも、信託の当事者によって信託を終了させるためには、委託者および受益者の合意が必要であるし（法164条1項）、信託の終了事由としては、法163条各号のいずれかの事由が必要になる。

また、裁判所による信託の終了命令には、信託行為の当時予見することができなかった特別の事情が必要となる（法165条1項）。

以上のように、信託は一度なされてしまうと容易に終了できないという問題がある点には留意が必要である。

(6) 目的信託、公益信託

医療機関によるクラウド事業者に対する医療情報群の信託を受益者の定めのない信託、いわゆる目的信託とする場合には、受託者および委託者の合意（ただし、信託管理人が現に存する場合には、委託者、受託者および信託管理人の合意）によって信託の併合等を行うことができる（法261条、149条1項、151条1項、155条1項、159条1項）。このように、目的信託においては、上記の「受益者たる患者個人の同意」が不要であるため、信託の併合等を行いやすいものといえる。なお、目的信託は、存続期間が20年を超えることができない。

また、医療機関によるクラウド事業者に対する医療情報群の信託を公益信託とする場合には、目的信託の場合と同様、上記の「受益者たる患者個人」の同意は不要となる一方で（公益信託ニ関スル法律1条、法261条、149条1項、151条1項、155条1項、159条1項）、信託の併合等をするためには、主務官庁の許可を受けなければならない（公益信託ニ関スル法律6条）。なお、公益信託には、目的信託のように、存続期間の制限はない（公益信託ニ関スル法律2条2項、法259条）。

さらに、目的信託、公益信託においては、下記「3 受益権取得請求権」の問題も生じないこととなる。

このように、目的信託または公益信託の仕組みを医療情報群の信託に用いるには、種々魅力的な点がある。しかしながら、目的信託の存続期間が20年というのでは、医療情報群の保存が期待される期間に対してあまりにも短いし、また、専ら一定範囲の患者および医療機関のために、しかも担い手が相当の営利性を持ちつつ運用するであろう医療クラウドについて公益性を認めることができるかどうかについては疑問もある。したがって、目的信託または公益信託の利用可能性については、指摘するにとどめておく。

3 受益権取得請求権

(1) 問題の所在

(i) 信託の併合等を行う場合、法103条1項により、受益者には、受益権取得請求権が認められている。

受益権取得請求権は、一定の要件の下、受託者に対し、自己の有する受益権を公正な価格で取得することを請求する権利である。この制度の趣旨は、信託行為の定めにより、信託の併合等について、特定の第三者にその意思決定を委託すること等を可能としているほか、受益者が複数の信託においては受益者の多数決による意思決定も可能としている等、受益者が常に信託の併合等についてその意思決定に関与する仕組みにはなっていないため、信託の併合等の後の信託にも継続して参加するか、それとも離脱するかの選択権を受益者に与えることにより、損害を受けるおそれのある受益者を保護することにある[15]。それゆえ、受益権取得請求権は強行規定とされ、信託行為によっても受益権取得請求権を受益者から奪うことはできないと解されている[16]。

---

15) 2(3)(i)記載のとおり、信託法改正の審議過程において、信託の併合等について、別段の定めの内容に制限を設けるべきではないかとの指摘がなされたにもかかわらず、明文の制限を設けないこととした根拠として、受益権取得請求権を含めた単独受益権を強行法規とすることにより、受益者の利益を十分に保障することができると考えられることが挙げられている。

16) 寺本・前掲注8)286頁。

(ii) しかし、医療情報群を信託財産とする場合、仮に受益者が受益権取得請求権を行使すると、受益者に対し、受益権の対価を支払うために、信託財産である医療情報群を換価、処分するなどしなければならなくなる[17]。このような事態は、患者の命と健康を守るために、持続的かつ安全に管理、活用できる仕組みを整備するという医療情報群の信託の目的に反している。

また、医療情報群は集積することにより財産的価値を生じるものと考えられるが、医療情報群を構成する個々の医療情報は財産的価値のあるものとは考えられていない。それゆえ、患者個人は、医療情報群が信託されなければ、自己に関する医療情報の対価を得ることなどないにもかかわらず、いったん医療情報群が信託され、信託の併合等が行われると、医療情報の対価として金銭の交付を受けることができてしまうというのも不合理であるように思われる[18]。

(iii) これらの問題は少しの例にすぎないが、医療情報群の信託について、信託の併合等を行うにあたり、受益権取得請求権に関する様々な問題があるから、臨機応変に、かつ可能な限りスムーズに、信託の併合等を行うには、受益者による受益権取得請求権を排除する枠組みを考えておく必要がある[19]。

(iv) なお、重要な信託の変更または信託の併合もしくは信託の分割があった場合、受託者が、各受益者に対し、所定の通知をしなければならないが（法103条4項）、この通知は官報による公告をもって代えることができる（同条5項）。

---

17) 受益権取得請求権が行使された場合は、受託者は、原則として、信託財産を原資として、受益権を取得することになる（法104条11項本文参照）。

18) 受益者たる患者が受益権取得請求権を行使しても、当該患者に関する医療情報は、信託財産たる医療情報群から削除されないであろう。それゆえ、当該患者は、受益権取得請求権を行使して、受益権の対価を受け取った後も、信託財産たる医療情報群に含まれる自己に関する医療情報を利用して、治療を受けることができるから、受益者たる患者によるモラルハザードが生じるおそれがある。

19) 受益者が受託者と個別の合意をすることによって受益権取得請求権を放棄することは、それが当該受益者の真意に基づくものである限り、有効であるとされるが（寺本・前掲注8）286頁の注(1)）、膨大な数の受益者たる患者らと個別の合意をすることは事実上不可能である。

(2) 信託法の要件からのアプローチ

(i) 信託法の要件

　信託法は、信託の併合、分割、および変更について、受益者が受益権取得請求権を行使する要件を次のとおりに定めている。

　(a) 信託の変更（法103条1項）
　ⅰ　下記の重要な信託の変更がされること
　　(ア) 信託の目的の変更
　　(イ) 受益権の譲渡の制限
　　(ウ) 受託者の義務の全部または一部の減免（当該減免について、その範囲およびその意思決定の方法につき信託行為に定めがある場合を除く）
　　(エ) 受益債権の内容の変更（当該内容の変更について、その範囲およびその意思決定の方法につき信託行為に定めがある場合を除く）
　　(オ) 信託行為において定めた事項
　ⅱ　これにより損害を受けるおそれがあること
　　ただし、重要な信託の変更のうち、(ア)信託の目的の変更、および(イ)受益権の譲渡の制限の場合は、要件ⅱは必要でない。

　(b) 信託の併合および分割（法103条2項）
　ⅰ　信託の併合または分割がされること
　ⅱ　これらにより損害を受けるおそれがあること
　　ただし、(ア)信託の目的の変更、および、(イ)受益権の譲渡の制限の変更を伴う場合には、要件ⅱは必要ではない。

　以上のとおり、受益権取得請求権は、信託の目的の変更、受益権の譲渡の制限を伴う場合、信託の併合等により損害を受けるおそれという要件を不要とし、それ以外の、重要な信託の変更、信託の併合、信託の分割の場合、これらにより損害を受けるおそれがあることを要件とする。以下では、医療情報群の信託の併合等を行うにあたり、受益権取得請求権の上記要件に該当する事情があるか否かを検討する。

(ii) 信託の目的の変更、受益権の譲渡の制限
　(a) 信託の目的の変更
　医療情報群の信託の併合等について、信託の目的を変更しているか、また、変更する必要があるか。
　この点、医療情報群の信託は、患者の健康維持、診療、治療等のため、①患者が自己の医療情報に accessible であること、②患者が自己の医療情報を不当に利用されないこと、③医療機関が患者の医療情報に accessible であること、を目的とした信託である。
　そして、本書は、医療情報群の信託を実施する過程において、一斉にではなく、小規模の単位で医療情報群の信託を始めて、順次、データセンタの統合や相互バックアップを協定するなどして規模を拡大したり、受託者たるクラウド事業者の管理が不適切であると判断したが、委託者兼受益者たる医療機関の間で意見が一致しなかった場合等には、データセンタの分割や相互バックアップ協定を解除するなどしてアクセス権限を認める範囲を限定したりするという手順をとるのが現実的であるという考えから、このような変成を可能にする制度として、信託の併合等という制度の利用を検討する試みである。
　つまり、ここで考えている信託の併合等は、同じ内容の信託の目的を定める医療情報群の信託を併合したり、分割したりすることにより、いわば、その規模を拡大したり、縮小したりするにすぎないものである。
　したがって、上記のような変成過程においては、信託の併合等をしても、信託の目的自体に変更はないと思われ、また、少なくともこれを変更する必要はないように思われる。
　(b) 受益権の譲渡の制限
　医療情報群の信託における受益権の内容は、医療情報へのアクセス権、および、医療情報の不正利用の是正等をするよう要求する権利であると考えられる。患者の健康維持、診療、治療などのため、持続的かつ安全に管理、活用する仕組みとしての医療情報群の信託において、これらの受益権を譲渡することは想定していない。むしろ、信託設定時に、信託行為において、受益権の譲渡を制限する定めを設けるべきである。したがって、受益権の譲渡の制限を内容とす

る信託の変更をすることはないように思われる。

　(iii)　その他の重要な信託の変更

　(a)　受託者の義務の全部または一部の減免

　前記のような変成過程では、受託者の義務の全部または一部を減免することを想定していない。

　(b)　受益債権の内容の変更

　前記(ii)(b)記載のとおり、医療情報群の信託における受益権の内容は、医療情報へのアクセス権、および、医療情報の不正利用の是正等をするよう要求する権利であると考えられる。

　この点、医療情報へのアクセス権については、信託の変更を行うことにより、医療情報へのアクセス権限を認める範囲を拡大したり、限定したりするのであるから、まさに受益債権の内容の変更に該当すると考えられる。[20][21]

　他方で、後者の不正利用の是正等を要求する権利については、信託の変更を行っても、個々の受益者以外の第三者が医療情報を不正に使用すれば、当該受益者が不正利用の是正等をするよう求めることができることに変わりはない。したがって、後者の権利については、受益債権の内容の変更に該当しないと考えられる。

　(iv)　損害を受けるおそれ

　(a)　信託の目的の変更を伴わずに信託の併合等を行うことができることを前提として、信託の変更等により受益者が損害を受けるおそれがあるかを検討する。

---

20) 筆者がここで考えている信託の変更は、医療機関Aが信託した医療情報群に対し、医療機関Bからのアクセスを認めるか、限定するかという変更であるから、「アクセス権の拡大、限定」とは、患者がアクセスするルートの拡大、縮小を意味するものである。

21) なお、法103条1項4号括弧書により、受益債権の内容の変更から、当該内容の変更について、その範囲およびその意思決定の方法につき信託行為に定めがある場合を除外しているが、医療機関同士が、様々な理由から、適時、外部保管する医療情報へのアクセス権限を認める範囲の拡大または限定を内容とする信託の変更を行うことが想定されるから、あらかじめ、どの範囲で受益債権（医療情報へのアクセス権）を拡大または限定するか定めておくのは困難であるように思われる。

この点、①患者が自己の医療情報に accessible であること、②患者が自己の医療情報を不当に利用されないこと、③医療機関が患者の医療情報に accessible であること、という医療情報の信託の目的からすると、受益者の利益とは、医療情報群の信託の目的の①および③の観点から、受益者たる患者および医療機関が医療情報へアクセスできる利益であると考えられる。また、医療情報群の信託の目的の②の観点から、自己の医療情報を不正に利用されない利益も受益者の利益である。

　(b)　自己の医療情報へアクセスできる利益について

　まず、前記のような変成過程において、信託の変更等により、患者および医療機関が信託財産たる医療情報へアクセスできる利益が害されるおそれがあるかについて検討する。

　　i　信託の併合、または、アクセス権限を認める範囲を拡大する内容の変更を行う場合については、アクセスできる医療情報の量やアクセスするルートが増加することになるから、医療情報へアクセスできる利益を害されるおそれはないと考えられる。

　　ii　信託の分割、または、アクセス権限を認める範囲を限定する内容の変更を行う場合については、アクセスできる医療情報の量やアクセスするルートが減少することになるから、医療情報へアクセスできる利益を害されるおそれがあるように思われる。

　(c)　自己の医療情報を不正利用されない利益

　次に、自己の医療情報を不正利用されない利益について検討する。

　　i　信託の併合、またはアクセス権限を認める範囲を拡大する内容の変更をする場合については、医療情報へのアクセス権限を有する患者や医療機関が増えて、利害関係者が増えることに伴い、当該医療情報が不正に利用されるリスクが高まると思われるので、自己の医療情報が不正利用されない利益が害されるおそれがあるように思われる。

　　ii　信託の分割、または、アクセス権限を認める範囲を限定する内容の変更を行う場合については、医療機関や受託者たるクラウド事業者の情報管理が不適切であることが判明した場合、まさに不正利用されないよう

に信託の分割または当該変更を行うのであるから、自己の医療情報が不正利用されない利益が害されるおそれはない。

(d) 2つの利益の比較

以上の検討によれば、信託の併合等をすることにより、医療情報へアクセスできる利益、自己の医療情報を不正に利用されない利益という2点の利益は、一方が増加する反面、他方が減少するという関係にある。この2点の利益は、どちらも欠けてはならない利益であるものの、信託の併合等をすることは、患者がよりよい治療を受けるという究極の目的のために、持続的かつ安全に管理、活用できる仕組みを実現するための、現実的で、必要な方法である。そうすると、受益者の利益が害されるおそれがあるか否かは、信託の併合等の各場面において、医療情報へアクセスできる利益と自己の医療情報を不正に利用されない利益を比較して決すべきものであると解されないだろうか。

i 信託の併合、または、アクセス権限を認める範囲を拡大する内容の変更を行う場合について

医療情報群の信託の併合、または、アクセス権限を認める範囲を拡大する内容の変更を行うことにより、アクセスできる医療情報の量やアクセスのルートを増加させることは、患者がよりよい治療を受けるという究極の目的のために、持続的に管理、活用できる仕組みを整備するという目的を前進させるものであるのに対し、医療情報へのアクセス権限を有する患者や医療機関が増えることに伴う、不正利用されるリスクは、セキュリティ強化等の対応により軽減できるものであるように思われる。したがって、充分なセキュリティを整備するなどの対応がとられることを前提として、医療情報へアクセスできる利益を優先し、信託の併合またはアクセス権限を認める範囲を拡大する内容の変更を行うことが許容できる、すなわち受益者の利益が害されるおそれはないと考えられる。

ii 信託の分割、または、アクセス権限を認める範囲を限定する内容の変更を行う場合について

医療情報群の信託の分割を行うことは、たしかに、アクセスすることができる医療情報の量やアクセスするルートを減少させる行為であるか

ら、患者の命と健康を守るという究極の目的のために、持続的に管理、活用できる仕組みを整備するという目的を後退させてしまうようにも思われる。しかし、医療情報群の信託の分割を行うことが想定される場面は、医療機関や受託者たるクラウド事業者の情報管理が不適切であるという、正に、患者がよりよい治療を受けるために、持続的かつ「安全に」管理、活用できる仕組みを整備するという目的が害されている事態に直面している場面であることを考慮すると、アクセスできる医療情報の量やアクセスするルートが減少することよりも、医療情報の安全な管理を優先させるべきである。そうであれば、医療機関や受託者たるクラウド事業者の情報管理が不適切であると判断されたことを前提として、自己の医療情報を不正に利用されない利益を優先させて、信託の分割またはアクセス権限を認める範囲を限定する内容の変更を行うことが許容できる、すなわち、受益者の利益が害されるおそれはないと評価できるのではないかと考えられる。

(e) したがって、医療情報群の信託の併合等を行うことにより、受益者が損害を受けるおそれはないと考えられる[22]。

(v) 小 括

以上の検討からすると、受益権取得請求権の要件を満たさないという理由から、受益者から受益権取得請求権を行使されることなく、信託の併合等を行うことができると考える余地があるように思われる。

(3) 受益権の価格からのアプローチ

(i) 検討方法

仮に受益権取得請求権の要件が満たされると考えた場合において、受益者から実際に受益権取得請求権が行使されたときには、どのように対処することに

---

[22] ただし、セキュリティ強化等の対応をせずに信託の併合を行ったり、クラウド事業者の不適切な管理とは判断されていないにもかかわらず信託の分割を行う場合には、受益者の利益状況が異なるから、受益者が損害を受けるおそれという要件を満たす場合があり得るのは当然のことである。

なるのであろうか。以下では、受益権取得請求権は、受益者が有する受益権を公正な価格により取得するよう要求する権利であるところから、医療情報群の信託の受益権がいくらと評価されるかという、受益権の価格の観点から検討する。

(ii) 見 解

(a) 医療情報群の信託においては、信託財産たる医療情報群には財産的価値を観念することができる。

そこで、医療情報群は、個々の医療情報から構成されるから、受益者たる患者個人には、医療情報全体に対する持分割合のようなものを観念し、信託財産全体のパイを、各受益者に、持分割合のようなもの（均分）に基づいて分配するという解釈が考えられる。この場合、受益権取得請求権を行使した際の受益権の公正な価格は、信託財産たる医療情報群の財産価値全体を受益者である各患者の総数で除した額ということになるであろうか。このような解釈は、個々の医療情報は、患者個人の所有物であるという考えを前提としているように思われる。

確かに、患者個人は、自己に関する医療情報に対して最も利害関係を有していることに疑いはない。しかし、実際には、個々の医療情報は、主に患者個人の治療のために使用されるものであるが、医療機関により作出され、保管されるものであって、医療機関も患者個人と同等に、医療情報に対する強い利害関係を有している。少なくとも個々の医療情報は、「誰のもの」でもなく、一者に帰属するという考えを前提とすべきではないように思われる。[23]

(b) では、どのように考えるべきであろうか。医療情報群の信託の受益権は、医療情報へのアクセス権、および、不正利用を是正等するよう要求する権利であると考えられる。これらの受益権は、金銭的な請求権ではなく、金銭的な評価になじまない性質の権利である。そもそも、医療情報群の信託において患者個人を受益者とするのは、医療情報群の信託が患者のよりよい治療を受け

---

23) 信託のモデルはあくまで所有権であるから、信託財産たる医療情報群については、あたかも「誰かのもの」であるかのように取り扱うことになる。

るという目的のための仕組みであるから、究極的には患者が受益するべきであるという素朴な考えに基づくものである。そうであるならば、患者が有する受益権は、個々の医療情報が「誰のために」使われるべきであるのかという問題設定から導かれた名目的な権利にすぎないものであると考えられないだろうか。そうであれば、患者個人が有する受益権の価格はゼロであると考えられる。

　(c)　これに対し、委託者兼受益者たる医療機関が有する受益権については、どのように考えられるであろうか。医療機関は、すでに個々の医療情報が集積した医療情報群を保管し、これを委託者（兼受益者）として、クラウド事業者に信託するものである。そこから、医療機関が有する受益権については、ある程度の価額を評価できるとも考えられるかもしれない。しかし、医療機関は、やはり医療情報群の所有者ではない。むしろ、医療機関は、すでに財産的価値を有するほどに集積した医療情報群を保管する存在であるから、あたかも委託者としたものであるし、第1に受益すべき患者が治療を受けるために、医療機関も当該患者の医療情報を利用できるように、受益者にもしたのである。そうであるならば、医療機関が有する受益権もまた、個々の医療情報が「誰のために」使われるべきであるのかという問題設定から導かれた名目的な権利にすぎないものであると考えられ、受益権の価格はゼロと考えられる。

(4)　立法手当の提案

　信託法の要件からのアプローチについては、やはり具体的な事案に即して要件を検討する必要がある以上、受益者の利益を害するおそれが生ずる場合があるし、受益権の価格からのアプローチについても、医療情報は「誰のものか」という不適切な問題設定がなされて、受益権にもいくらかの価額が認定されてしまうおそれもある。

　しかしながら、受益権取得請求権が行使された場合に、金銭を交付しなければならないとすると、受益権取得請求権の行使をおそれて、信託の併合等を萎縮させてしまいかねない。

　そこで、医療情報群の信託の併合等を行う場合について、受益権取得請求権を排除する立法的な手当をするべきである。

(5) 目的信託、公益信託

目的信託または公益信託とする場合には、受益権取得請求権の問題が生じないことは、2(6)で前述したとおりである。

4 個人情報保護

(1) 問題の所在

信託の併合等に伴い、医療機関がクラウド事業者に信託している医療情報群を、他の医療機関からもアクセスできるようにする場合に、当該アクセスの許可が個人情報の第三者提供に該当し、患者の同意が必要となるかが問題となる。

しかし、医療機関がクラウド事業者のデータセンタに保存している医療情報が個人情報に該当しない場合には、そもそも個人情報保護法は適用されない。

また、信託の併合等の前提として、医療機関がクラウド事業者のデータセンタに医療情報を保存する行為に対して患者の同意が必要かという問題も存在する。

そこで、以下では、まず、医療情報の個人情報該当性について検討し、次に、医療機関がクラウド事業者のデータセンタに医療情報を保存する行為に対する患者の同意の要否を検討し、最後に、信託の併合等に伴い、他の医療機関に医療情報へのアクセスを許可する際の患者の同意の要否について検討する。

(2) 個人情報該当性

(ⅰ) はじめに

個人情報とは、「生存する個人に関する情報であって、当該情報に含まれる氏名、生年月日その他の記述等により特定の個人を識別することができるもの（他の情報と容易に照合することができ、それにより特定の個人を識別することができることとなるものを含む。）」をいう（個人情報保護法2条1項）。

したがって、医療機関が、クラウド事業者に対する医療情報の信託に伴い、医療情報の保存についてクラウドサービスを利用する場合、当該医療情報が個人情報保護法上の個人情報に該当するときは、個人情報保護法にも留意することが必要となる。

一般的には、医療情報の中には氏名、年齢、性別等の情報が含まれていることが多いため、医療情報には個人情報が含まれる場合が多いようにも思われる。

　しかし、クラウドサービスにおいては、医療情報をそのままクラウド事業者のデータセンタに保存するのではなく、データを保存するに際して、①データを暗号化する場合、②データを切片化する場合、③データを匿名化する場合が考えられる。

　そこで、上記①ないし③の場合についても、クラウド事業者のデータセンタに保存されたデータが個人情報に該当するかが問題となる。

　なお、上記のとおり、個人情報保護法2条1項は、「個人情報」を「生存する個人に関する情報であって、当該情報に含まれる氏名、生年月日その他の記述等により特定の個人を識別することができるもの（他の情報と容易に照合することができ、それにより特定の個人を識別することができることとなるものを含む。）」と定義している。この定義規定中の個人情報該当性の要件は、「識別可能性」および「照合容易性」と呼ばれることが多いため、本章でもかかる用語を使用する。

(ⅱ)　データを暗号化する場合

　個人情報に該当するためには、識別可能性があることが要件となっているところ、暗号を施された場合には識別可能性がないとして、個人情報に該当しないという考え方もあり得るように思われる。

　しかし、個人情報取扱事業者が自ら暗号化した場合には、一般に当該個人情報取扱事業者が復号をすることができるのであるから、依然として個人情報として個人情報保護法の対象となると考えられる。

　一方、暗号化された個人情報のデータの受領者にとって、当該データが個人情報に該当するかは、事実関係に基づき個別具体的に判断されるものと思われる[24]。たとえば、中身を全く知らないクラウド事業者が、暗号化された個人情報のデータを受領したとしても、クラウド事業者としては個人情報として認識す

---

[24]　堀部政男監修・鈴木正朝著『個人情報保護法とコンプライアンス・プログラム―個人情報保護法とJIS Q 15001の考え方』（商事法務・2004）93頁以下、淵邊善彦=五十嵐敦編集代表『個人情報管理ハンドブック〔第2版〕』（商事法務・2008）13頁参照。

ることができないのであるから、このような場合にまでクラウド事業者が当該データについて個人情報保護法に基づく義務を負うとするのは酷であると思われる。[25]しかし、その一方で、暗号化されたデータの解読の難易度についても、暗号により様々であるから、暗号化がなされていれば、受領者にとっては識別可能性がないと言い切ることもできないように思われる。したがって、暗号化された個人情報のデータの受領者にとって当該データが個人情報に該当するか否かについては、事実関係に基づき個別具体的に判断されるものと思われる。

(iii) **データを切片化する場合**

(a) 問題の所在

クラウドサービスの中には、1つのファイルを構成するデータを切片化した上で保存するものがある。たとえば、Google File System では、64MB のデータの塊（この塊のことを GFS では「チャンク（Chunk）」と呼んでいる）に分割して保存を行う。[26]

このようにデータを切片化する場合においても、個人情報に該当するのであろうか。

(b) 識別可能性

まず、識別可能性について検討する。たとえば、IC チップリーダを使わないと全体として「モナリザの絵画」を構成するものの一部であることが分からない、IC チップ内蔵のモナリザのジグソーパズルがあったとする。このジグ

---

25) 経済産業省「個人情報の保護に関する法律についての経済産業分野を対象とするガイドライン」(2009年10月9日厚生労働省・経済産業省告示第2号)（以下「経済産業分野ガイドライン」という）〈http://www.meti.go.jp/policy/it_policy/privacy/kaisei-guideline.pdf〉において、個人情報によって識別される特定の個人の数の合計が過去6か月以内のいずれの日においても5000人を超えない場合には個人情報取扱事業者には該当しない点に関連して（個人情報保護法2条5項、個人情報の保護に関する法律施行令2条）、「事業の用に供しないため特定の個人の数に算入しない事例」として「倉庫業、データセンター（ハウジング、ホスティング）等の事業において、当該情報が個人情報に該当するかどうかを認識することなく預かっている場合に、その情報中に含まれる個人情報（ただし、委託元の指示等によって個人情報を含む情報と認識できる場合は算入する。）」と記載されているのは、同じ趣旨であると思われる。

26) Sanjay Ghemawat et al., *The Google file system*, 37 (5) ACM SIGOPS Operating Systems Review 29 (2003).

ソーパズルの各ピースに接しただけで、そのピースが「モナリザの絵画」の一部であることを見分けることができる者はいないであろうから、個々のピースに「モナリザの絵画」としての識別性はないものと思われる。

これと同様に、個人情報の一部を構成する切片化されたデータについても、それのみからでは個人情報を認識することはできないのであるから、個人情報の一部を構成する切片化されたデータによっては、特定の個人を識別することができないと思われる。

(c) 照合容易性

次に照合容易性について検討する。識別可能性がない場合であっても、照合容易性がある場合(「他の情報と容易に照合することができ、それにより特定の個人を識別することができることとなるもの」(個人情報保護法2条1項括弧書)に該当する場合)には、個人情報に該当することとなる。

「他の情報と容易に照合することができ」るとは、それ自体は個人識別性がない情報について、通常の作業範囲において、個人情報データベース等にアクセスし、照合することができる状態等と説明されている[27]。また、照合が容易でない場合の例として、①日常的に行われていない他の事業者への特別な照会を要する場合(さらに照会を受けた当該他の事業者において、相当な調査をして初めて回答が可能になるような場合)や、②照合のため特別のソフトを購入してインストールする必要がある場合等が挙げられている[28]。

個人情報としての識別可能性が失われたクラウド事業者のサーバ内のデータの切片を、利用者が有する何らかのデータと照合したとしても、その切片がいずれの個人のいかなる情報を構成するものであるかを判別することは通常できないものと思われる。また、クラウド事業者に照会をしたとしても、クラウド事業者も、その切片がいかなる個人情報を構成するデータの一部であるかを相当な調査をせずに判別することはできないものと思われる。たしかに、ファイ

---

27) 「経済産業分野ガイドライン」2頁以下。
28) 園部逸夫編・藤原靜雄=個人情報保護法制研究会著『個人情報保護法の解説〔改訂版〕』(ぎょうせい・2005) 49頁以下、宇賀克也『個人情報保護法の逐条解説〔第3版〕』(有斐閣・2009) 34頁、岡村久道『個人情報保護法〔新訂版〕』(商事法務・2009) 74頁等。

ルが切片化されている場合であっても、その切片化されたデータのすべてを照合することができれば、個々の切片化されたデータがいかなる個人情報を構成するかを判別することは可能である。しかし、どのサーバのどこに保存されているかわからない同一の個人情報を構成している別のデータの切片すべてと照合することは容易ではなく、「容易」との要件が欠けるように思われる。

　(d)　小　　括

以上から、データが切片化されている場合には、識別可能性、および、照合容易性のいずれも満たしていないために、個人情報には該当しない可能性が高いように思われる。

　(iv)　データを匿名化する場合

データが匿名化された場合には、当該データから特定の個人を識別することができる情報ではなくなるのであるから、個人情報には該当しなくなるものと思われる。

具体的には、たとえば、DICOM (Digital Imaging and COmmunication in Medicine) 形式のファイルをクラウド事業者に送信する際に、個人の氏名等のメタ情報が記録されている部分を文字列等に置き換えた上で送信する場合には、当該送信データのみからは特定の個人を識別することができないことが多いと思われる[29]。

(3)　クラウドサービスの利用に伴う本人の同意の要否

　(i)　はじめに

医療機関が個人情報取扱事業者[30]に該当する場合に、医療機関が、クラウド事業者に対する医療情報の信託に伴い、医療機関が個人情報を含む医療情報をク

---

[29]　もっとも、非常に珍しい症例についてのデータである場合には、個人情報に該当する可能性もあり得る。

[30]　個人情報取扱事業者とは、個人情報データベース等（個人情報保護法2条2項）を事業の用に供している者をいう（同条3項）。ただし、その事業の用に供する個人情報データベース等を構成する個人情報によって識別される特定の個人の数の合計が、過去6か月以内のいずれの日においても5000を超えない場合には、個人情報取扱事業者には該当しない（個人情報の保護に関する法律施行令2条）。

ラウド事業者のデータセンタに保存する行為は、第三者提供に該当するか、それとも、第三者提供の中の「個人情報取扱事業者が利用目的の達成に必要な範囲内において個人データの取扱いの全部又は一部を委託する場合」(個人情報保護法23条4項1号)(以下、単に「委託」という)に該当するかが問題となる。なぜなら、これらのいずれに該当するかによって、医療機関が負う個人情報保護法上の義務の内容が異なるからである。

(ii) 第三者提供と委託

個人情報保護法23条は、個人情報取扱事業者が個人データを第三者に提供する場合には、あらかじめ本人の同意を得ることを原則としているが(同条1項柱書)、委託に該当する場合には、当該同意は不要となる。

クラウドサービスを利用して個人情報をクラウドサービス事業者に預ける行為が個人情報保護法23条4項1号に該当するかは、どのようなクラウドサービスを利用するかという個別具体的な事案により結論が異なり得るものの、「経済産業分野ガイドライン」において、たとえば「データの打ち込み等、情報処理を委託するために個人データを渡す場合」についても該当する旨記載されていること等を考慮すると、一般的には、個人情報をクラウドサービス事業者に預ける行為も個人情報保護法23条4項1号に該当する場合が多いと考えるのが自然であるように思われる。

(iii) 委託に該当する場合の医療機関の義務

個人情報をクラウドサービス事業者に預ける行為が委託に該当する場合には、本人の同意を得る必要はなくなるが、クラウドサービス事業者に対する「必要かつ適切な監督」を行うことが必要となる(個人情報保護法22条)。個人情報保護法22条においては、「必要かつ適切な監督」について具体的な内容は規定されていないが、各種ガイドラインにはより具体的に規定されている場合があるので、対象となるガイドラインを確認する必要がある。医療機関が、「必要かつ

---

31) 医療機関に関する個人情報または医療情報についてのガイドラインは、医療機関向けのものとして、①厚生労働省「医療・介護関係事業者における個人情報の適切な取扱いのためのガイドライン」(2010年9月)〈http://www.mhlw.go.jp/shingi/2010/02/s0202-4.html〉、②厚生労働省「医療情報システムの安全管理に関するガイドライン」第4.1版(2010年2月)

適切な監督」をするための方法としては、一般的には、クラウドサービスを導入する際に、クラウドサービス事業者に対する監督を行いやすいシステム（システムの稼働状況を確認できるようなシステム等）を採用しているクラウドサービスを選択すること、クラウドサービスの利用契約において、事故発生時の迅速な報告義務、目的外利用の禁止等を定めること等が考えられる。また、クラウドサービス事業者が第三者に再委託する場合には、クラウドサービス利用者は、クラウドサービス事業者を通じて再委託先の第三者を監督する必要がある。そこで、クラウドサービス利用者である医療機関は、クラウドサービス利用契約において、再委託の条件等について規定しておくべきであろう。

(4) 他の医療機関へのアクセス許可に伴う本人の同意の要否

(i) 他の医療機関へのアクセス許可の性質

患者 a が A 病院で診療を受けて、当該診療に基づく個人情報を含む医療情報を A 病院に信託した場合において、アクセス許可を得た他の医療機関は、単に当該医療情報についてアクセスをするのであって、委託には該当しないと思われる。

したがって、他の医療機関への医療情報へのアクセス許可は、医療情報が個人情報に該当する場合には、個人情報の第三者提供に該当する。

(ii) 診療行為における包括的同意

上記(i)記載のとおり、他の医療機関への医療情報へのアクセス許可は第三者提供に該当するため、本人の同意を得ることが必要となる（個人情報保護法23条1項柱書）。そうすると、信託の併合等においては、すべての患者から同意を得

〈http://www.mhlw.go.jp/shingi/2010/02/dl/s0202-4a.pdf〉、医療機関に対してサービスを提供する事業者向けのものとして、③厚生労働省・経済産業省「個人情報の保護に関する法律についての経済産業分野を対象とするガイドライン」（2009年10月）〈http://www.meti.go.jp/policy/it_policy/privacy/kaisei-guideline.pdf〉、④経済産業省「医療情報を受託管理する情報処理事業者向けガイドライン」（2008年7月）〈http://www.meti.go.jp/policy/it_policy/privacy/080724iryou-kokuzi.pdf〉、および⑤総務省「ASP・SaaS事業者が医療情報を取り扱う際の安全管理に関するガイドライン第1.1版」（2010年12月）〈http://www.soumu.go.jp/main_content/000095031.pdf〉等が存在する。

ることが必要となるため、個人情報保護法23条の同意を得ることはできないようにも思われる。

　しかし、そもそも、患者と医療機関との間の診療行為に伴う信託において、患者は、信託の併合等について包括的な同意を与えているように思われる。当該診療行為から生じる医療情報群の信託の目的は、本章Ⅲ記載のとおり、①患者が自己の医療情報に accessible であること、および、②患者が自己の医療情報を不当に利用されないことである。そうすると、患者としては、自己の医療情報が不当に利用されないように適切な管理をしてもらえるのであれば、②の目的についての不利益はなく、また、他の医療機関へのアクセスを認めることは①の目的に資するといえる。したがって、患者は、上記医療情報群の信託において、医療機関が事前に他の医療機関が医療情報を適切に管理していることを確認することを条件として、他の医療機関に自己の医療情報にアクセスさせることに対して包括的に同意を与えているものと考えられるのである。

(ⅲ) 患者からの個別の同意

　仮に、上記(ⅱ)記載の患者による包括的同意が認められない場合であっても、患者が病院を訪れた際に、患者から個別に同意を得る方法が考えられる。たとえば、患者ａがＡ病院で診療を受けて、当該診療に基づく個人情報を含む医療情報をＡ病院に信託し、その後、患者ａがＢ病院を訪れて診療を受ける場合には、Ｂ病院が、患者ａに対して、Ｘクラウド事業者のデータセンタに保存されている患者ａの医療情報にアクセスすることの同意を得ることが考えられる。

　この患者から個別に同意を得る方法においては、患者が意識不明の状態で搬送されてきた場合に同意を得ることが難しいという問題がある。

　しかし、このような場合には、①第三者提供において、例外的に同意が不要

---

32)　以下は、患者と医療機関との間の診療契約または信認関係の段階、すなわち医療情報群の信託の二重構造の１段目である患者と医療機関の「信託類似の関係」を指す。なお、**2(4)(ⅰ)** 記載のとおり、この二重構造の２段目である医療機関とクラウド事業者との間の医療情報群の信託の目的は、①自己の医療情報に accessible であること、②自己の医療情報を不当に利用させないこと、および、③医療機関が患者の情報に accessible であることであるのに対し、この二重構造の１段目である「信託類似の関係」は、もっぱら患者の利益を図るためにあるから、その目的は①および②のみである。

とされている、「人の生命、身体又は財産の保護のために必要がある場合であって、本人の同意を得ることが困難であるとき」（個人情報保護法23条1項2号）に該当するために同意は不要である、または、②当該患者から黙示の同意があるといい得る。

5 緊急時における医療情報の利用

(1) はじめに

　上記1(2)(i)記載のとおり、すべての医療機関が、一斉に、適切な情報セキュリティを有する複数のクラウド事業者に対して医療情報群を信託して、当該クラウド事業者らが相互バックアップを協定し、医療情報をすべての医療機関において利用することができるようにするのが理想的である。しかしながら、現実的にはこのような国家的な大プロジェクトを成し遂げることは難しく、各医療機関が医療情報群をクラウド事業者に信託し、当該信託について、他の医療機関の信託と併合したり、または、当該信託の内容を変更して、他の医療機関からもアクセスすることができるようにすること等により、他の医療機関からも医療情報を利用することができるようにすることが現実的である。

　しかしながら、他の医療機関からの医療情報へのアクセスが十分に確保されていない段階で自然災害等が発生した場合には、一切、医療情報へのアクセスをすることはできないのであろうか。

　医療については、自然災害等への対策として、災害時等の緊急を要する事態においては、必要となる情報に関係者が柔軟にアクセスすることができるようにし、定常時状態に戻った後は非常時のアカウントを無効にするなどして情報へのアクセス権を原状に復する体制（いわゆるブレークグラス（Break Glass））を実現できる医療システムおよびルールを整えておくことが重要である。2011年3月11日に発生した東日本大震災においては、ボランティアの医師、看護師等が被災地に向かったものの、病院の情報システム、当該地域の患者の診療歴等を必ずしも十分に利用することができなかったものと思われる。仮に被災地

---

33)　中尾ほか・前掲注3)参照。

の患者の医療情報に柔軟にアクセスすることができれば、より迅速かつ効果的に医療サービスを提供できたはずである。

そこで、以下では、他の医療機関からの医療情報へのアクセスの仕組みが整っていない段階で自然災害等が発生した場合における他の医療機関による医療情報の利用について、信託、および、個人情報保護の観点から検討する。

(2) 信託

本章III 2 (3)(i)記載のとおり、患者と医療機関との間の診療行為から生じる医療情報群の信託の目的は、①患者が自己の医療情報にaccessibleであること、および、②患者が自己の医療情報を不当に利用されないことである。そして、②の目的から、医療情報を他の医療機関に利用させる場合には、当該医療機関が医療情報を適切に管理していることを確認することが必要であると思われる。したがって、原則として、当該確認を経ずに、他の医療機関に医療情報を利用させることはできないものと思われる。

しかし、災害時等の緊急を要する事態においては、必要となる情報に関係者が柔軟にアクセスすることが特に求められる。しかも、自然災害等により被災して診療を続けられなくなった病院には、当該自然災害等により被災して診療行為が必要となっている人々の医療情報が多く蓄えられていると考えられるから、当該医療情報を利用する必要性は非常に高い。

以上から、自然災害等の緊急を要する事態においては、上記患者と医療機関との間の診療行為から生じる医療情報群の信託の目的のうち、②の目的よりも①の目的を重視することが許容されるべきである。より具体的には、医療機関が自然災害等により被災をして、診療を続けられなくなったような場合には、当該医療機関は、他の医療機関が医療情報を適切に管理しているか否かを確認せずに、一時的に他の医療機関からの医療情報へのアクセスを許容することができるものと考えるべきである。

(3) 個人情報保護

個人情報保護法に基づく同意については、4 (4)(ii)・(iii)記載のとおり、信託行

為に基づく包括的同意と、患者の個別の同意を得ることが考えられる。

信託行為に基づく包括的同意については、上記(2)記載のとおり、災害時等の緊急を要する事態においては、患者と医療機関との間の診療行為から生じる医療情報群の信託の目的である、①患者が自己の医療情報に accessible であること、および、②患者が自己の医療情報を不当に利用されないことであることのうち、①の目的が極めて重要であるから、②の目的の重要性は相対的に小さくなり、その結果として、他の医療機関による医療情報の管理状況を確認することなく、他の医療機関からのアクセスを認めることに対して包括的同意があるものと考えるべきである。

事項索引

●あ行

依存的信頼関係 27, 28
委託者 25, 87-
委託者指図型管理型信託 146
一般社団法人日本音楽著作権協会
　（JASRAC） 81
医療クラウド 5, 25, 31, 89-
　──の法的な問題 5, 25, 89-
医療情報（医療データ） 3, 7-, 25, 89, 107
　──の共有データベース 15-21
　──の保存・管理方法 12, 13, 30
　──の役割 3
医療情報群 15, 16, 26
　──の信託譲渡 15, 19
運用型信託業 146
営業 145
営業保証金 158
永続性 160

●か行

ガイドライン 11, 74, 119-
環境権 98
管理型信託業 146
管理可能 26
共同研究者 53, 54
共同著作権 53
共同著作者 53
共同著作物 53
共同の研究開発 51-54
共同発明 52, 53
共有データベース 15-21
公益信託 48, 72, 106, 137, 179
公共信託論 100
後継遺贈型の受益者連続の信託 72
高齢者の財産管理のための信託 140

個人情報 29, 90, 118, 190-
個人情報保護法 10, 17, 23, 90, 94, 118, 190-
国公立大学 54-58
コンサヴェイション・イーズメント 101

●さ行

財産権 25
産学連携 37-
自己信託 48, 60
自然林の維持 65
市民緑地制度 66
住環境 62, 98, 134
　──の保全 61
受益権取得請求権 180
受益権の価値 189
受益債権 109
受益者 28, 107-
　──の意思決定 113
受益者代理人 115, 172
受託者 25, 139-
受託者適格 142
守秘義務（医師等の） 23, 24
準委任契約 29, 91
情報 25
情報群 26
私立大学 56-59
信託 75-
　──の公示と対抗力の関係 82
　──の二重構造 177
　──の引受け 144
　──の分割 167
　──の併合 166
　──の変更 168
信託監督人 69, 111
信託管理人 69, 70

信託業　144
信託業法　147
信託財産　75
　——の有効要件　76
信託譲渡　19
税制　71
世田谷トラストまちづくり　65
損失填補責任　83

●た行
大学共同利用機関　37, 133
DICOM（ダイコム）　85
単独受益者権　112
地域医療連携　12, 13, 16, 21
　——のネットワーク　12, 13
知的資源の管理　40, 46
チャリダブル・トラスト（公益団体）　105
データの暗号化　191
データの切片化　192
データの匿名化　121, 194
登記等不要財産　83

●な行
ナショナルトラスト　101
農業生物資源ジーンバンク　42

農業生物資源ジーンバンク事業　43

●は行
病院の破産等　14, 17
病診連携　8
プライバシー　32
ブレークグラス（Break Glass）　198
弁護士　73, 141-
包括的同意　197
保存行為型管理型信託　146

●ま行
民事信託　139
目的信託　70, 143, 179

●や行
屋敷林　62
　——の信託　69
　——の保全　64

●ら行
ランドトラスト　101
レストリクティヴ・ガヴナント（制限約款）　105

■執筆者紹介（五十音順）

赤鹿大樹（あかしか・だいき）（第5章担当）
　2003年、京都大学法学部卒業。2003年、株式会社三井住友銀行入行。2007年、京都大学法科大学院修了。2008年、第一東京弁護士会登録。

伊藤英之（いとう・ひでゆき）（第5章担当）
　2004年、東京大学法学部卒業。2006年、東京大学法科大学院修了。2007年、第一東京弁護士会登録。
　「一時帰休を実施するにあたっての実務上のポイント」（共著、BUSINESS LAW JOURNAL No.16・2009）、『社会インフラとしての新しい信託』（共著、弘文堂・2010）、「子会社再編の手法としての三角株式交換」（BUSINESS LAW JOURNAL No.34・2010）、『〔新訂〕貸出管理回収手続双書　仮差押え　仮処分・仮登記を命ずる処分』（共著、金融財政事情研究会・2010）、『【Q&A】大規模災害に備える企業法務の課題と実務対応』（共著、清文社・2011）。

上村真一郎（うえむら・しんいちろう）（第2章担当）
　1995年、東京大学法学部卒業。1995年、三井物産株式会社入社。1998年、第一東京弁護士会登録。2002年、米国ニューヨーク大学ロースクール卒業。同年、ニューヨーク州弁護士登録。
　『企業再編のすべて』（共著、商事法務・2001）、『Q&A　企業の情報管理の実務』（共著、新日本法規出版・2005）、『新会社法 A to Z 非公開会社の実務』（共著、第一法規出版・2006）、『社会インフラとしての新しい信託』（共著、弘文堂・2010）。

小賀野晶一（おがの・しょういち）（第5章担当）
　1975年、早稲田大学法学部卒業。1982年、早稲田大学大学院法学研究科博士課程退学。同年秋田大学講師を経て、現在千葉大学教授。博士（法学〈早稲田大学〉）。2009年、第一東京弁護士会登録。
　『成年身上監護制度論』（信山社・2000）ほか。

小川和聖（おがわ・かずまさ）（第5章担当）
　2002年、東京大学法学部卒業。2007年、第一東京弁護士会登録。
　『中止されたM&A案件から学ぶ成功するM&Aへの道標』（共著、M&A Review・2010）。

奥原玲子（おくはら・れいこ）（第2章担当）
　1985年、上智大学法学部卒業。1985年、大蔵省勤務。2000年、第一東京弁護士会登録。
　『最新判例にみる不法行為法の実務』（共著、新日本法規出版・2003）、『インターネット法律相談所　ネットトラブルQ&A』（共著、リックテレコム・2004）、「平成18年度映像コンテンツ国際共同製作基盤整備事業『J-Pitch』報告書『国際共同製作』」（共著、日本映像国際振興協会・2007）、『社会インフラとしての新しい信託』（共著、弘文堂・2010）ほか。

上総秀一（かずさ・しゅういち）（第5章担当）
2004年、東京大学工学部建築学科卒業。2008年、早稲田大学大学院法務研究科修了。2009年、第一東京弁護士会登録。

加藤伸樹（かとう・のぶき）（第5章担当）
2003年、京都大学法学部卒業。2006年、学習院法科大学院修了。2007年、第一東京弁護士会登録。
「船舶建造時の融資とその留意点」（銀行法務21・719号）、『社会インフラとしての新しい信託』（共著、弘文堂・2010）。

金谷 良（かなや・りょう）（第5章担当）
2003年、早稲田大学法学部卒業。2008年、上智大学法科大学院修了。2009年、第一東京弁護士会登録。

菅野智巳（すがの・さとし）（第4章担当）
1988年、慶應義塾大学法学部卒業。1994年、第一東京弁護士会登録。2005年、慶應義塾大学法学部法律学科非常勤講師。2006年、東京簡易裁判所民事調停委員。2010年、住宅紛争処理委員。2011年、最高裁判所司法研修所民事弁護教官。
『社会インフラとしての新しい信託』（共著、弘文堂・2010）、『現代労務管理要覧』（共著、新日本法規出版・2010）、『事例式 人事労務トラブル防止の手引き』（共著、新日本法規出版・2006）、『こんなときどうする パート・アルバイト・嘱託・派遣・出向 人材活用と労務管理』（共著、新日本法規出版・2004）、『事例解説 出向・転籍・退職・解雇』（共著、第一法規出版・2002）、『不正競争防止法の実務と対策』（共著、実業之日本社・1997）、『よくわかるPL法』（共著、総合法令出版・1995）。

住田和子（すみた・かずこ）（第2章担当）
1980年、東京大学法学部卒業。1982年、株式会社立花書房入社。1989年、第一東京弁護士会登録。
『Q&A 少年非行と少年法—少年は「凶悪化」しているか』（共同執筆、明石書店・1998）、『社会インフラとしての新しい信託』（共著、弘文堂・2010）。"Recent amendments to the legal system affect corporate governance in Japan" (Asian Counsel, Vol 2 Issue 6, July/August 2004), "Legislative amendments affect lease securitizations" (Asian Counsel, Vol 3 Issue 8, October 2005), "Recent Trends in Deregulation of Banks" (Co-author, www. International Law Office com., Globe Business Publishing 2005) ほか。

髙梨俊介（たかなし・しゅんすけ）（第5章担当）
2004年、学習院大学卒業。2006年、学習院大学法科大学院修了。2009年、株式会社三井住友銀行入行。同年、第一東京弁護士会登録。
『新営業店の金融法務』（共著、経済法令研究会・2011）、『回収（新訂貸出管理回収手続双書）』（共著、金融財政事情研究会・2010）。

執筆者紹介

高村健一（たかむら・けんいち）（第3章担当）
　1993年、早稲田大学社会科学部卒業。1997年、慶應義塾大学大学院法学研究科前期博士課程修了。2004年、第一東京弁護士会登録。
　『企業法務解説　会社法の実務』（共著、三協法規出版・2008年）、『社会インフラとしての新しい信託』（共著、弘文堂・2010）、「賃借人が賃貸人に対する債権による相殺を担保不動産収益執行の管理人に対して対抗することの可否」「数口債権と開始時現存額主義の適用・弁済充当権の行使」（共著、『銀行法務21・2011年／9月増刊号　最新の判例にみる債権管理・回収』経済法令研究会・2011）。

寺本振透（てらもと・しんとう）（第1章担当）
　1985年、東京大学法学部卒業。1987年、第一東京弁護士会登録。1993年、米国アリゾナ州立大学ロースクール客員研究員。2006年、東京大学大学院法学政治学研究科特任教授（21世紀COEプログラム）。2006年、有限責任中間法人博会（現・一般社団法人博会）理事。2007年、東京大学大学院法学政治学研究科法科大学院教授。2009年、特定非営利活動法人エルピーアイジャパン監事。2010年、九州大学大学院法学研究院教授。2010年、一般社団法人エデュコ外部監事。2011年、福岡シュタイナー学園友の会監事。
　"Copyrightability and Scope of Protection for Works of Utilitarian Nature Under Japanese Law" (Max-Planck-Institute for Foreign and International Patent, Copyright and Competition Law, IIC No. 1, 1997)、「共同発明者の認定」（特許判例百選〔第3版〕別冊ジュリスト170号・2004）、『ケースメソッド　知的財産法』（商事法務・2005）、『知的財産権信託の解法』（弘文堂・2007）、『解説　新信託法』（共著、弘文堂・2007）、"Protection of Patent License against subsequent Patent Holder in Japan"（東京大学法科大学院ローレビュー第3巻・2008）、「知的財産権信託における受託者による管理処分権限掌握の不完全さについて」（信託法研究34号・2009）、『社会インフラとしての新しい信託』（共著、弘文堂・2010）、『解説　改正著作権法』（共著、弘文堂・2010）、「準拠法と国際裁判管轄をめぐる諸問題」（ジュリスト1405号・2010）、「社会ネットワーク分析を法学に応用する」（東京大学法科大学院ローレビュー第5巻・2010）、『クラウド時代の法律実務』（共著、商事法務・2011）ほか。

常盤政幸（ときわ・まさゆき）（第2章担当）
　1982年、慶應義塾大学法学部法律学科卒業。2000年、第一東京弁護士会登録。2005年、中央大学法科大学院実務講師。2006年、東京法務局筆界調査委員、第一東京弁護士会広報調査室嘱託。2007年、駒澤大學法科大學院非常勤講師。2009年、住宅紛争処理委員、第一東京弁護士会司法研究委員会委員長。総合研修センター副委員長。
　『保全処分の実務―主文例の研究』（共著、ぎょうせい・2008）、『弁護士照会の手引き〔4訂版〕』（共著、第一東京弁護士・2008）、「不競法2条1項1号：商品形態の保護と技術的形態除外説・競争上似ざるを得ない形態除外説」（共著、『不正競争防止法の新論点』商事法務・2006）、「損害額の論点」（共著、『著作権法の新論点』商事法務・2008）、『社会インフラとしての新しい信託』（共著、弘文堂・2010）。

中村英幸（なかむら・ひでゆき）（第3章担当）
  2002年、慶應義塾大学法学部法律学科卒業。2003年、第一東京弁護士会登録。

根本健三郎（ねもと・けんざぶろう）（第5章担当）
  1996年、東京大学法学部卒業。2007年、第一東京弁護士会登録。
  『借地借家紛争解決の手引き』（共著、新日本法規出版・2009）、『社会インフラとしての新しい信託』（共著、弘文堂・2010）、『最新 取締役の実務マニュアル』（共著、新日本法規出版・2011）。

濱野敏彦（はまの・としひこ）（第5章担当）
  2002年、東京大学工学部卒業。2002年、弁理士試験合格。2004年、東京大学大学院新領域創成科学研究科修了。2007年、早稲田大学大学院法務研究科修了。2008年、第二東京弁護士会登録。2009年、日本弁理士会登録。2011年、新日本製鐵株式會社勤務。
  「クラウド・コンピューティングが変える法律実務①～④ クラウド・コンピューティングの概念整理(1)～(4)」（NBL918号、919号、921号、922号・2010）、『解説 改正著作権法』（共著、弘文堂・2010）、『クラウド時代の法律実務』（共著、商事法務・2011）、「クラウド・コンピューティング・サービスの法的リスク―技術的側面からの法的リスクの検討」（学会誌 法とコンピュータNo.29号・2011）。

林　真穂（はやし・まほ）（第3章担当）
  1998年、早稲田大学法学部卒業。2000年、第一東京弁護士会登録。2006年、米国シカゴ大学ロースクール卒業（LL. M）。

深津拓寛（ふかづ・たくひろ）（第5章担当）
  1999年、東京大学理学部卒業。2001年、東京大学大学院理学系研究科修了。2001年、システム開発会社にエンジニアとして勤務。2008年、第一東京弁護士会登録。
  『解説 改正著作権法』（共著、弘文堂・2010）、『クラウド時代の法律実務』（共著、商事法務・2011）。

深谷昌志（ふかや・まさし）（第5章担当）
  2007年、東京大学法学部卒業。2009年、東京大学法科大学院修了。2010年、第一東京弁護士会登録。

守谷俊宏（もりや・としひろ）（第5章担当）
  1991年、早稲田大学法学部卒業。1993年、第一東京弁護士会登録。2004年、東京大学大学院法学政治学研究科修士課程修了。
  「譲渡担保法判例の分析と展開」（共著、金融・商事判例増刊1286号・2008）、『社会インフラとしての新しい信託』（共著、弘文堂・2010）。

持続可能な社会を支える弁護士と信託
―医療クラウド、産学連携、まちづくり―

平成24年3月30日　初版1刷発行

編　者	第一東京弁護士会司法研究委員会	
発行者	鯉渕　友南	
発行所	株式会社 弘文堂	101-0062 東京都千代田区神田駿河台1の7 TEL 03(3294)4801　振替 00120-6-53909 http://www.koubundou.co.jp
装　丁	松村　大輔	
装　画	岡本かな子	
印　刷	港北出版印刷	
製　本	井上製本所	

© 2012 THE DAI-ICHI TOKYO BAR ASSOCIATION
　　　SHIHO KENKYU IINKAI, Printed in Japan

JCOPY　〈(社)出版者著作権管理機構　委託出版物〉
本書の無断複写は著作権法上での例外を除き禁じられています。複写される場合は、そのつど事前に、(社)出版者著作権管理機構（電話 03-3513-6969、FAX 03-3513-6979、e-mail : info@jcopy.or.jp）の許諾を得てください。
また、本書を代行業者等の第三者に依頼してスキャンやデジタル化することは、たとえ個人や家庭内での利用であっても一切認められておりません。

ISBN978-4-335-35530-1

===== 好評発売中 =====

社会インフラとしての新しい信託

第一東京弁護士会司法研究委員会 編

新たな信託活用の可能性を拓く！

信託法を社会で役立てるための利用につき、多面的角度から検討を加え、実務的対応方法を分析。信託という特徴を生かした活用の可能性を提言し、実現への有力な手がかりとなる1冊。

第1章 オープンソース・ソフトウェアと信託
 Ⅰ オープンソース・ソフトウェアとは？
 Ⅱ オープンソース・ソフトウェアにおける信託の活用の可能性と課題
 Ⅲ オープンソース・ソフトウェアにおける信託の構成

第2章 電子マネーと信託
 Ⅰ 電子マネー
 Ⅱ 電子マネーに対する法規制と資金保全の必要性
 Ⅲ 信託による資金保全

第3章 老人ホームにおける入居者の利益の保護と信託
 Ⅰ 法人ホームの法制度とは？
 Ⅱ 法人ホームの運営における信託の活用の可能性と課題

第4章 福祉型信託
 Ⅰ 福祉型信託に対するニーズと構成
 Ⅱ 福祉型信託の課題
 Ⅲ 福祉型信託の信託商品等実例

第5章 まちづくりと信託
 Ⅰ まちづくりの問題とは？
 Ⅱ まちづくりにおける信託の活用の構成と課題
 Ⅲ 信託以外の法的スキームとその問題点
 Ⅳ 適切な具体的スキーム
 Ⅴ さらに検討を進めたい事項

第6章 国際私法と限定責任信託
 Ⅰ 国際取引における限定責任信託の役割
 Ⅱ 準拠法の決定と課題